Qiche Dipan Gouzao Yu Jianxiu
汽车底盘构造与检修

（第2版）

主　编　杜晓辉　李臣华　白秀秀

副主编　刘新宇　王永浩　祝政杰

参　编　杨明东　王　毅　刘加规

主　审　李维娟

北京理工大学出版社
BEIJING INSTITUTE OF TECHNOLOGY PRESS

内 容 简 介

本书通过典型工作过程的分析，结合实践应用，系统阐述了汽车底盘各部分的构造、故障诊断与排除过程，主要包括离合器故障检修、手动变速器的结构与拆装、万向传动装置故障检修、驱动桥故障检修、车架与车桥故障检修、车轮及轮胎故障检修、悬架的结构、机械转向器故障检修、液压助力转向器故障检修、制动器故障检修及制动传动装置检修。

本书内容新颖全面、图文并茂、通俗易懂、易学好教。

本书为校企合作共同编写，可作高等院校汽车专业的教材，也可作为各类汽车从业人员的业务参考书和培训教材。

版权专有　侵权必究

图书在版编目（CIP）数据

汽车底盘构造与检修/杜晓辉，李臣华，白秀秀主编．—2版．—北京：北京理工大学出版社，2019.10（2024.1重印）

ISBN 978-7-5682-7809-6

Ⅰ．①汽⋯ Ⅱ．①杜⋯ ②李⋯ ③白⋯ Ⅲ．①汽车－底盘－构造－高等职业教育－教材 ②汽车－底盘－车辆修理－高等职业教育－教材 Ⅳ．①U472.41

中国版本图书馆 CIP 数据核字（2019）第 242029 号

出版发行 / 北京理工大学出版社有限责任公司	
社　　址 / 北京市海淀区中关村南大街 5 号	
邮　　编 / 100081	
电　　话 / （010）68914775（总编室）	
（010）82562903（教材售后服务热线）	
（010）68944723（其他图书服务热线）	
网　　址 / http://www.bitpress.com.cn	
经　　销 / 全国各地新华书店	
印　　刷 / 河北盛世彩捷印刷有限公司	
开　　本 / 787 毫米×1092 毫米　1/16	
印　　张 / 18.5	责任编辑 / 高雪梅
字　　数 / 435 千字	文案编辑 / 邢　琛
版　　次 / 2019 年 10 月第 2 版　2024 年 1 月第 8 次印刷	责任校对 / 周瑞红
定　　价 / 49.80 元	责任印制 / 李志强

图书出现印装质量问题，请拨打售后服务热线，本社负责调换

前 言

《汽车底盘构造与维修》是汽车运用与维修、汽车检测与维修技术等专业一门实践性很强的专业必修课。本书由杜晓辉、李臣华等编者联合同类院校及汽车维修企业共同编写,教材内容贴合企业实际工作岗位的实际需求,完整包含汽车维修相关岗位群所应具备的职业技能和专业知识,同时反映现代汽车新技术、新工艺、新方法,能培养教材使用者在汽车底盘构造维修方面地综合职业能力和创新能力,与其他相关课程相互配合协调,能正确严谨科学地阐述理论、概念和技能训练地方法、要领。因此,本书的实用性强,适用面广,既可作为职业院校汽车相关专业《汽车底盘构造与维修》课程的教材,也可作为各类汽车从业人员的业务参考用书和培训教材。

本教材为贯彻落实党的二十大精神,落实立德树人的根本任务,展现加快构建新发展格局,着力推动高质量发展的思想,充分反映企业产业的最新发展的同时在专业内容中渗入了思想政治教育元素,体现辩证唯物主义和历史唯物主义思想,具有正确的价值观、人生观和道德观,弘扬民族文化精神,培养学习者的爱国主义情操、激发学生科技报国的家国情怀和使命担当、精益求精的工匠精神和坚忍不拔百折不挠的毅力。

本书遵循项目化教学改革的指导原则,以工作任务为目标引导教学组织过程,采用理论实践一体化的教学模式,参考汽车维修企业一线的维修案例,设置学习项目、工作任务和考核要点,并配备了工作页。详细项目的设置遵循分析与检查、方案制定、方案实施、完工检验、成果检验与交流的形式,引导学习者形成工作的逻辑思路,增进汽车维修的感性、理性认知。

配备的工作页将学习与工作紧密结合,并以"学习的内容是工作,通过工作实现学习"为宗旨,以此促进学习过程的系统化,并使教学过程更贴近企业生产实际。本书突出了工作页对学生实操过程的指导作用,并将工作过程的关键步骤具体标明,以达到学生只要依据工作页便可基本的独立完成整个工作过程操作的效果。

学生可以从初步制定工作计划,大致确定所需的工量具及维修资料入手,直到整个工作任务的所有分析与操作、诊断环节开展,在工作页中皆有体现。相关项目完成后,实操场地的整理和清洁、应逐步按照质量管路的7S管理理念——整理、整顿、清洁、清扫、素养、安全及节约的标准规范进行。

本书与 1+X 技能等级考核证书制度的相关模块相对接,将技能等级考核的标准和要求融入本书的教学内容中,使学生及其他使用者在进行课程内容学习的同时掌握 1+X 证书考核所需知识和技能,帮助学生通过技能等级考核,取得 1+X 技能等级证书。

本书还配备了电子教案、电子课件、网络课程和共享资源课程,能够为学习者的自主学习提供了有力的支持。

本书整个学习领域由四个项目组成，四个项目又共分为十一个学习任务，建议学时为72学时。

本书由烟台汽车工程职业学院杜晓辉、李臣华、白秀秀主编。学习项目和工作任务由杜晓辉、李臣华联合北京现代烟台金德汽车销售服务有限公司刘加规共同确定。项目一由烟台汽车工程职业学院杜晓辉、李臣华编写；项目二由烟台汽车工程职业学院白秀秀、刘新宇编写；项目三由烟台汽车工程职业学院祝政杰、王永浩编写；项目四由烟台汽车工程职业学院杨明东、王毅编写。

在编写过程中，编者参考了大量汽修行业的技术资料和书籍，也得到了许多同行的支持和帮助，在此表示衷心感谢！

由于编者水平有限，加上实践经验不足，书中难免存在缺点和不足之处，恳请广大读者批评指正！

编者

目 录

项目一　汽车底盘传动系统检修……………………………………………………… 1

　　任务一　离合器故障检修 ………………………………………………………… 2
　　任务二　手动变速器的结构与拆装 ……………………………………………… 17
　　任务三　万向传动装置故障检修 ………………………………………………… 51
　　任务四　驱动桥故障检修 ………………………………………………………… 67

项目二　汽车底盘行驶系统检修……………………………………………………… 87

　　任务一　车架与车桥故障检修 …………………………………………………… 87
　　任务二　车轮及轮胎故障检修 …………………………………………………… 99
　　任务三　悬架的结构 …………………………………………………………… 107

项目三　汽车底盘转向系统检修…………………………………………………… 125

　　任务一　机械转向器故障检修 ………………………………………………… 126
　　任务二　液压助力转向器故障检修 …………………………………………… 146

项目四　汽车底盘制动系统检修…………………………………………………… 162

　　任务一　制动器故障检修 ……………………………………………………… 162
　　任务二　制动传动装置检修 …………………………………………………… 183

参考文献 …………………………………………………………………………… 203

项目一　汽车底盘传动系统检修

汽车发动机与驱动轮之间的动力传递装置称为汽车的传动系统，简称传动系。它应保证汽车具有在各种行驶条件下所必需的牵引力、车速，以及保证牵引力与车速之间协调变化等功能，使汽车具有良好的动力性和燃油经济性；还应保证汽车能倒车，以及左、右驱动轮能适应差速要求，并使动力传递能根据格局需要而平稳地结合或彻底、迅速地分离。传动系包括离合器、变速器、传动轴、主减速器、差速器及半轴等部分。

能力目标	知识目标	权重
（1）能正确选用工具并按维修手册中技术标准拆装离合器 （2）能结合技术标准调整离合器踏板自由行程 （3）能拆装和检修离合器液压操纵机构 （4）能检修手动变速器自锁和互锁部件 （5）能对双级主减速器及差速器进行调试 （6）能按照技术标准拆装万向传动装置和传动轴 （7）能按照拆装工艺完成传动轴及中间支撑的拆装	（1）掌握离合器结构、原理、功用 （2）掌握离合器拆装专用工具的使用方法 （3）掌握废旧液回收的设备使用方法 （4）掌握安全辅助设备的使用方法 （5）掌握手动变速器结构、原理、功用 （6）掌握手动变速器拆装专用工具的使用方法 （7）掌握手动变速器的拆装工艺 （8）掌握手动变速器分解和清洗方法 （9）掌握自锁、互锁检修方法及技术标准 （10）掌握主减速器和差速器结构、原理、功用 （11）掌握主减速器和差速器分解和清洗方法 （12）掌握主减速器啮合间隙调整方法 （13）掌握主减速器啮合痕迹调整方法 （14）掌握齿轮油液加注注意事项 （15）掌握主减速器和差速器装配工艺 （16）掌握万向传动装置及传动轴的结构、原理、功用 （17）掌握万向传动装置检修的技术标准 （18）掌握万向传动装置的拆装工艺 （19）掌握传动轴及中间支撑的拆装工艺	30%

续表

能力目标	知识目标	权重
(1) 能结合技术标准使用刀口尺、游标卡尺、塞尺进行离合器从动盘、压盘、膜片弹簧检测 (2) 能检修手动变速器传动和操纵机构 (3) 能按照技术标准对万向传动装置及传动轴进行检修 (4) 能对传动轴及中间支撑进行检修 (5) 能按照技术标准装配和调整主减速器和差速器	(1) 掌握离合器的拆卸与检修的技术标准和方法 (2) 掌握手动变速器定位部件检修方法 (3) 掌握手动变速器传动机构和操纵机构的检修方法及技术标准 (4) 掌握传动轴及中间支撑技术标准 (5) 掌握主减速器及差速器测试与调整方法	60%
运用知识分析案例,并制定故障排除方案		10%

任务一 离合器故障检修

情境描述

　　王先生有一辆大众轿车,在使用的过程中,每次踩下离合器踏板时都会发出不正常的响声。经维修接待初步检验为分离轴承故障,我们作为维修技工,需要根据维修手册,参考相关资料排除故障,恢复汽车离合器功能,并提出合理化使用建议,最终在检验合格后交付前台。

相关知识

1. 离合器的功用

　　离合器的具体功用有如下三个方面。

　　(1) 使发动机与传动系逐渐接合,保证汽车平稳起步。汽车起步时,驾驶员缓慢抬起离合器踏板,使离合器的主、从动部分逐渐接合,与此同时,逐渐踩下加速踏板,以增加发动机的输出转矩,这样发动机的转矩便可由小到大传给传动系。当牵引力足以克服汽车起步时的行驶阻力时,汽车便由静止开始逐渐加速,实现平稳起步。

　　(2) 暂时切断发动机的动力传动,保证变速器换挡平顺。汽车在行驶过程中,由于行驶条件的变换,需要不断变换挡位。对于普通齿轮变速器,换挡时不同的齿轮副要退出啮合或进入啮合,这就要求换挡前踩下离合器踏板,中断发动机的动力传动,便于退出原有齿轮副的啮合,进入新齿轮副的啮合。如果没有离合器或离合器分离不彻底使动力不能完全中断,原有齿轮副之间就会因压力大而难以脱开,而待啮合齿轮副之间因圆周速度不同而难以进入啮合,勉强啮合也会产生很大的冲击和噪声,甚至会打齿。

　　(3) 限制所传递的转矩,防止传动系过载。汽车紧急制动时,如果发动机与传动系刚性连接,发动机转速将急剧下降,其所有零件将产生很大的惯性力矩,这一力矩作用于传动系,会造成传动系过载而使其机件损坏。有了离合器,当传动系承受载荷超过离合器所能传递的最大转矩时,离合器会通过主、从动部分之间的打滑来消除这一危险,从而起到过载保护的目的。

2. 对离合器的要求

根据离合器的功用,它应满足的主要要求如下:
(1) 即能保证可靠地传递发动机的最大转矩又能防止传动系过载。
(2) 接合时应平顺柔和,保证汽车平稳起步,减少冲击。
(3) 分离时应迅速彻底,保证变速器换挡平顺和发动机起动顺利。
(4) 旋转部分的平衡性好,且从动部分的转动惯量小。
(5) 具有良好的通风散热能力,防止离合器温度过高。
(6) 操纵轻便,以减轻驾驶员的疲劳。

3. 离合器的分类

汽车上应用的离合器主要有以下三种形式。
(1) 摩擦离合器:指利用主、从动部分的摩擦作用来传递转矩的离合器。目前,在汽车上广泛采用。
(2) 液力偶合器:指利用液体作为传动介质的离合器。原来多用于自动变速器,目前在汽车上几乎不再采用。
(3) 电磁离合器:指利用磁力传动的离合器,在空调中应用的就是这种离合器。

4. 摩擦离合器的基本组成和工作原理

1) 基本组成

摩擦离合器由主动部分、从动部分、压紧机构和操纵机构四部分组成,如图1-1所示。

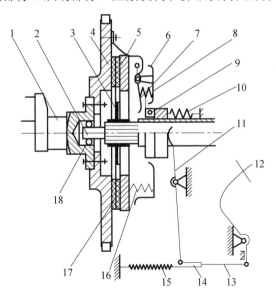

图1-1 摩擦离合器的基本组成示意图

1—曲轴;2—从动轴(变速器一轴);3—从动盘;4—飞轮;5—压盘;6—离合器盖;7—分离杠杆;8、10、15—回位弹簧;
9—分离轴承和分离套筒;11—分离叉;12—离合器踏板;13—分离拉杆;14—分离拉杆调节叉;16—压紧弹簧;
17—从动盘摩擦片;18—轴承

主动部分包括飞轮、离合器盖和压盘。离合器盖用螺栓固定在飞轮上,压盘后端圆周上的凸台伸入离合器盖的窗口中,并可沿窗口轴向移动。这样,当发动机转动,动力便经飞轮、离合器盖传到压盘,并一起转动。

从动部分包括从动盘和从动轴。从动盘带有双面的摩擦衬片,离合器正常接合时分别与飞轮和压盘相接触。从动盘通过花键毂装在从动轴的花键上,从动轴是手动变速器的输入轴(一轴),其前端通过轴承支承在曲轴后端的中心孔中,后端支承在变速器壳体上。

压紧机构由若干根沿圆周均匀布置的压紧弹簧组成,它们装在压盘与离合器盖之间,用来将压盘和从动盘压向飞轮,使飞轮、从动盘和压盘三者压紧在一起。

操纵机构包括离合器踏板、分离拉杆、调节叉、分离叉、分离套筒、分离轴承、分离杠杆、回位弹簧等组成。

2)工作原理

(1)接合状态。离合器在接合状态下,操纵机构各部件在回位弹簧的作用下回到图1-1所示的各自位置,分离杠杆内端与分离轴承之间保持有一定的间隙,压紧弹簧将飞轮、从动盘和压盘三者压紧在一起,发动机的转矩经过飞轮及压盘通过从动盘两摩擦面的摩擦作用传给从动盘,再由从动轴输入变速器。

(2)分离过程。分离离合器时,驾驶员踩下离合器踏板,分离套筒和分离轴承在分离叉的推动下,先消除分离轴承与分离杠杆内端之间的间隙,然后推动分离杠杆内端前移,使分离杠杆外端带动压盘克服压紧弹簧作用力后移,摩擦作用消失,离合器的主、从动部分分离,中断动力传动。

(3)接合过程。接合离合器时,驾驶员缓慢抬起离合器踏板,在压紧弹簧的作用下,压盘向前移动并逐渐压紧从动盘,使接触面间的压力逐渐增加,摩擦力矩也逐渐增加;当飞轮、压盘和从动盘之间接合还不紧密时,所能传动的摩擦力矩较小,离合器的主、从动部分有转速差,离合器处于打滑状态;随着离合器踏板的逐渐抬起,飞轮、压盘和从动盘之间的压紧程度逐渐紧密,主、从动部分的转速也渐趋相等,直到离合器完全接合而停止打滑,接合过程结束。

(4)离合器自由间隙和离合器踏板自由行程。离合器在正常接合状态下,分离杠杆内端与分离轴承之间应留有一个间隙,一般为几毫米,这个间隙称为离合器自由间隙。如果没有自由间隙,从动盘摩擦片磨损变薄后压盘将不能向前移动压紧从动盘,这将导致离合器打滑,使离合器所能传动的转矩下降,车辆行驶无力,并且会加速从动盘的磨损。

动画1-1 离合器踏板的自由行程

特别提示

为了消除离合器的自由间隙和操纵机构零件的弹性变形所需要的离合器踏板行程称为离合器踏板自由行程,可以通过拧动调节叉改变分离拉杆的长度来对踏板自由行程进行调整。

5. 摩擦离合器的构造和原理

按从动盘的数目,摩擦离合器可以分为单片离合器和双片离合器。轿车、客车和部分中、小型货车多采用单片离合器,因为发动机的最大转矩一般不是很大,单片从动盘就可以满足动力传动的要求。双片离合器由于增加了一片从动盘,使得在其他条件不变的情况下,所能传动的转矩比单片离合器增大了一倍（一个从动盘是两个摩擦面传递动力，而两个从动盘则是四个摩擦面传递动力），多用于重型车辆上。

按压紧弹簧的形式，摩擦离合器可以分为周布弹簧离合器、中央弹簧离合器和膜片弹簧离合器。周布弹簧离合器和中央弹簧离合器采用螺旋弹簧，分别沿压盘的圆周和中央布置；膜片弹簧离合器采用膜片弹簧，目前应用最广泛。

1）膜片弹簧离合器

（1）构造。目前，膜片弹簧离合器在各种类型的汽车上都广泛应用，其构造如图1-2～图1-4所示。

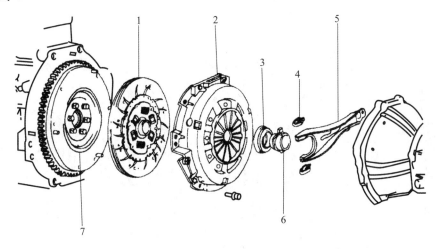

图1-2 膜片弹簧离合器的构造

1—从动盘；2—离合器盖和压盘；3—分离轴承；4—卡环；5—分离叉；6—分离套筒；7—飞轮

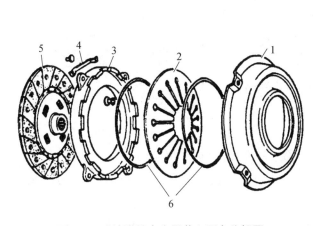

图1-3 膜片弹簧离合器盖和压盘分解图

1—离合器盖；2—膜片弹簧；3—压盘；4—传动片；
5—从动盘；6—支承环

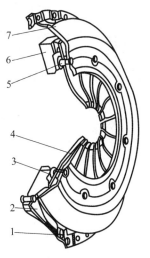

图1-4 膜片弹簧离合器盖和压盘示意图

1—铆钉；2—传动片；3—支承环；
4—膜片弹簧；5—支承铆钉；6—压盘；
7—离合器盖

膜片弹簧离合器由主动部分、从动部分、压紧机构和操纵机构组成。

主动部分由飞轮、离合器盖和压盘组成。离合器盖通过螺栓固定在飞轮上，为了保持正确的安装位置，离合器盖通过定位销进行定位。压盘与离合器盖之间通过周向均布的三组或四组传动片来传递转矩。传动片用弹簧钢片制成，每组两片，一端用铆钉铆在离合器盖上，另一端用螺钉连接在压盘上。

从动部分包括从动盘和从动轴，从动盘一般都带有扭转减振器。发动机传到传动系的转速和转矩是周期性变化的，使传动系产生扭转振动，从而使传动系的零部件受到冲击性交变载荷，导致寿命下降、零件损坏。采用扭转减振器可以有效地防止传动系的扭转振动。带扭转减振器的从动盘的结构和原理如图1-5所示。

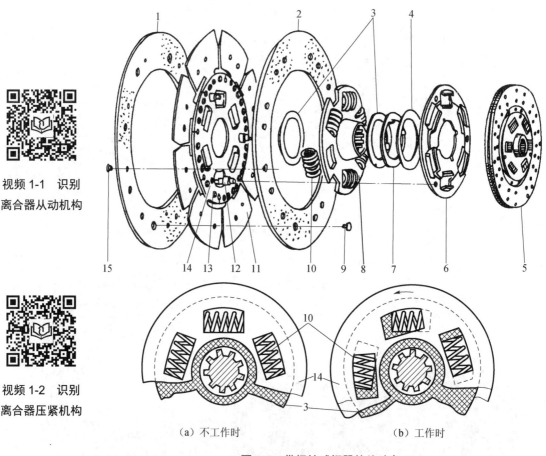

视频1-1 识别离合器从动机构

视频1-2 识别离合器压紧机构

(a) 不工作时　　　　(b) 工作时

图1-5　带扭转减振器的从动盘

1、2—摩擦衬片；3—摩擦垫圈；4—碟形垫圈；5—装合后的从动盘总成；6—减振器盘；7—摩擦板；8—从动盘毂；9、13、15—铆钉；10—减振弹簧；11—波浪形弹簧钢片；12—止动销；14—从动盘钢片

从动盘钢片外圆周铆接有波浪形弹簧钢片，摩擦衬片分别铆接在弹簧钢片上，从动盘钢片与减振器盘铆接在一起，这两者之间夹有摩擦垫圈和从动盘毂。从动盘毂、从动盘钢片和减振器盘上都有六个圆周均布的窗孔，减振弹簧装在窗孔中。

当从动盘受到转矩时，转矩从摩擦衬片传到从动盘钢片，再经减振弹簧传给从动盘毂，此时弹簧将被压缩，吸收发动机传来的扭转振动。

压紧机构是膜片弹簧，其径向开有若干切槽，形成弹性杠杆。切槽末端有圆孔，固定铆钉穿过圆孔，并固定在离合器盖上。膜片弹簧两侧装有钢丝支承环，这两个钢丝支承环是膜片弹簧工作时的支点。膜片弹簧的外缘通过分离钩与压盘联系起来。

（2）工作原理。膜片弹簧离合器的工作原理如图 1-6 所示。当离合器盖未安装到飞轮上时，膜片弹簧不受力处于自由状态，此时离合器盖与飞轮之间有一定的距离 S，如图 1-6（a）所示。当离合器盖通过螺栓固定在飞轮上时，膜片弹簧在支承环处受压产生弹性变形，此时膜片弹簧的外圆周对压盘产生压紧力使离合器处于接合状态，如图 1-6（b）所示。当踩下离合器踏板时，分离轴承推动膜片弹簧，使膜片弹簧以支承环为支点，外圆周向后翘起，通过分离钩拉动压盘后移使离合器分离，如图 1-6（c）所示。

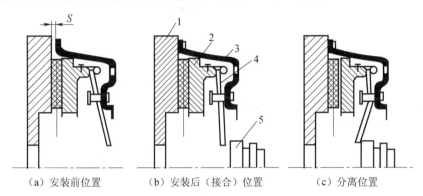

（a）安装前位置　　（b）安装后（接合）位置　　（c）分离位置

图 1-6　膜片弹簧离合器的工作原理

1—飞轮；2—压盘；3—离合器盖；4—膜片弹簧；5—分离轴承

动画 1-2　膜片弹簧离合器工作原理

> **特别提示**
>
> 从上面的介绍中可以看出，膜片弹簧既是压紧弹簧，又是分离杠杆，从而使结构简化。另外，膜片弹簧的弹簧特性优于圆柱螺旋弹簧，因此膜片弹簧离合器的应用越来越广泛，在各种车型上都有应用。

2）周布弹簧离合器

下面仅以单片周布弹簧离合器为例做简单介绍。单片周布弹簧离合器的构造如图 1-7 所示。

（1）主动部分和从动部分。单片周布弹簧离合器的主动部分、从动部分的结构与膜片弹簧离合器基本相同。

（2）压紧机构。单片周布弹簧离合器的压紧机构由若干根螺旋弹簧组成，螺旋弹簧沿压盘周向对称布置，装在压盘和离合器盖之间。

6. 离合器的操纵机构

离合器的操纵机构是使离合器分离，又使之柔和接合的一套机构，它起始于离合器踏板，终止于分离杠杆。

按照分离离合器时所需操纵能源的不同，离合器操纵机构分为人力式操纵机构和助力式操纵机构。人力式操纵机构又可以分为机械式操纵机构和液压式操纵机构；助力式操纵机构又可以分为气压助力式操纵机构和弹簧助力式操纵机构。人力式操纵机构是以驾驶员作用在踏板上的力作为唯一的操纵能源，助力式操纵机构一般主要以其他形式的能源作为操纵能源。

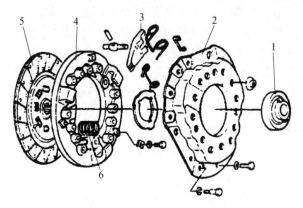

图 1-7　周布弹簧离合器

1—分离轴承；2—离合器盖；3—分离杠杆；4—压盘；5—从动盘；6—压紧弹簧

本部分主要介绍在轿车中应用较多的机械式操纵机构、液压式操纵机构和弹簧助力式操纵机构，其中液压操纵机构应用最多。

1）机械式操纵机构

机械式操纵机构有杆系传动和绳索传动两种形式。

杆系传动机构如图 1-8 所示，其结构简单，工作可靠，广泛应用于各种类型的汽车上，如东风 EQ1090E 型汽车即为杆系传动机构。但杆系传动中杆件间铰接多，摩擦损失大，在车架或车身变形及发动机发生位移时会影响其正常工作。

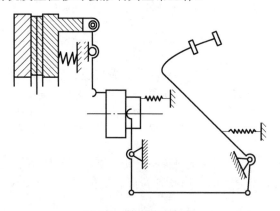

图 1-8　杆系传动机构

绳索传动机构如图 1-9 所示，绳索传动机构可消除杆系传动机构的一些缺点，并能采用便于驾驶员操纵的吊挂式踏板。但绳索寿命较短，拉伸刚度较小，故只适用于轻型、微型汽车和轿车。例如捷达轿车、早期的桑塔纳轿车中离合器的操纵机构就采用了绳索传动机构。

2）液压式操纵机构

液压式操纵机构的示意图如图 1-10 所示，该操作机构主要由主缸、工作缸和管路系统等组成。目前，液压式操纵机构在各类型的车上应用广泛。

下面以桑塔纳 2000GSi 轿车的离合器为例介绍其液压式操纵机构的构造、拆装、检修。

桑塔纳 2000GSi 型轿车的离合器的液压操纵系统由离合器踏板、储液罐、进油软管、离合器主缸、离合器工作缸、油管总成、分离叉、分离轴承等组成,如图 1-11 所示。

储液罐有两个出油孔,分别把制动液供给制动主缸和离合器主缸。

离合器主缸的结构如图 1-12 所示,主缸体借补偿孔 A、进油孔 B 通过进油软管与储液罐相通。主缸内装有活塞,活塞中部较细,且为十字形断面,使活塞右方的主缸内腔形成油室。活塞两端装有皮碗。活塞左端中部装有单向阀,经小孔与活塞右方主缸内腔的油室相通。当离合器踏板处于初始位置时,活塞左端皮碗位于补偿孔 A 与进油孔 B 之间,两孔均开放。

离合器工作缸的结构如图 1-13 所示,工作缸内装有活塞、皮碗、推杆等,缸体上还设有放气螺塞。当管路内有空气而影响操纵时,可拧松放气螺塞进行放气。工作缸活塞直径略大于主缸活塞直径,故液压系统稍有增力作用,以补偿液流通道的压力损失。

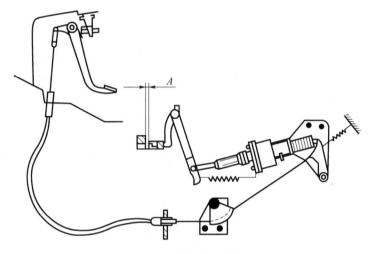

图 1-9 绳索传动机构

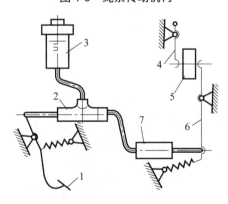

图 1-10 液压式操纵机构示意图

1—离合器踏板;2—主缸;3—储液罐;4—分离杠杆;5—分离轴承;6—分离叉;7—工作缸

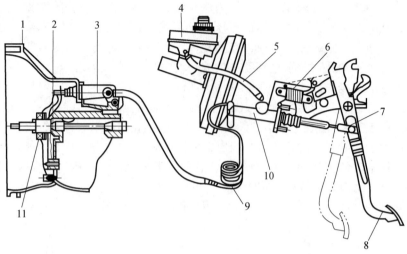

图 1-11　桑塔纳 2000GSi 型轿车的离合器的液压操纵系统

1—变速器壳体；2—分离叉；3—工作缸；4—储液罐；5—进油软管；6—助力弹簧；7—推杆插头；8—离合器踏板；
9—油管总成；10—主缸；11—分离轴承

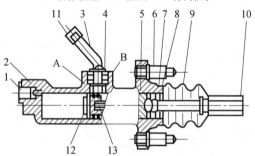

图 1-12　离合器主缸的结构

1—保护塞；2—壳体；3—管插头；4—皮碗；5—阀芯；6—固定螺栓；7—卡簧；8—挡圈；9—护套；10—推杆；
11—保护套；12—活塞；13—单向阀；A—补偿孔；B—进油孔

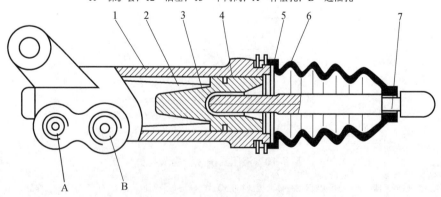

图 1-13　离合器工作缸的结构

1—壳体；2—活塞；3—管插头；4—皮碗；5—挡圈；6—保护套；7—推杆
A—放气孔；B—进油孔

3）弹簧助力式操纵机构

为了尽可能减小作用于离合器踏板上的力，减轻驾驶员的劳动强度，在有的离合器操纵机构中采用了弹簧助力式操纵机构。

如图 1-14 所示为某轿车弹簧助力式操纵机构的示意图。当离合器踏板完全放松时，即离合器接合，此时助力弹簧轴线位于踏板转轴下方。踩下离合器踏板，踏板绕自身转轴顺时针转动，压缩助力弹簧，此时助力弹簧起到阻碍的作用，即助力弹簧的伸张力产生一个阻碍踏板转动的逆时针力矩 $F \cdot L$，但这个力矩是比较小的。当踏板转动到助力弹簧的轴线与踏板转轴处于一条直线上时，该阻碍力矩为零。随着踏板的进一步踩下，助力弹簧轴线位于踏板转轴上方，此时助力弹簧的伸张力产生一个有助于踏板转动的顺时针力矩 $F \cdot L$。在踏板后段行程中是最需要助力作用的，因而这种弹簧助力式操纵机构可以有效地减轻驾驶员疲劳。

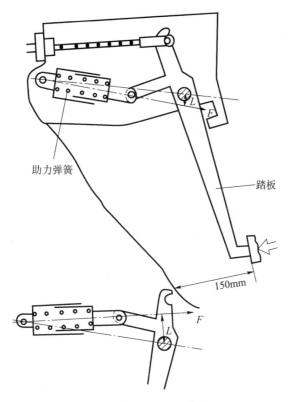

图 1-14　弹簧助力式操纵机构

  任务实施

1. 主要内容及目的

（1）掌握离合器的拆装工艺。
（2）掌握离合器的检修工艺。

2. 技术标准及要求

（1）按正确的操作步骤进行拆装与检查。
（2）有关技术参数必须符合维修技术标准要求。
（3）操作规范，安全文明作业。

3. 实训设备与器材

膜片弹簧式离合器 1 套，发动机 1 台，维修工具 1 套，磁力表座、百分表 1 套，游标卡尺 1 把，塞尺 1 把。

4. 操作步骤及工作要点

1）离合器的拆卸
（1）拆卸离合器时，首先要拆下变速器。
（2）用专用工具将飞轮固定，然后将离合器的固定螺栓对角拧紧。取下压盘总成、离合器从动盘，如图 1-15 所示。
（3）用内拉头拉出分离轴承。
（4）拆下分离轴承导向套、橡胶防尘套和回位弹簧，如图 1-16 所示。
（5）用尖嘴钳取出卡簧及衬套座，取出分离叉轴。

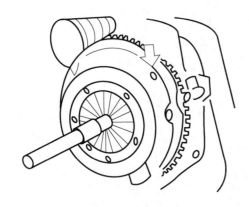
图 1-15　拆卸离合器

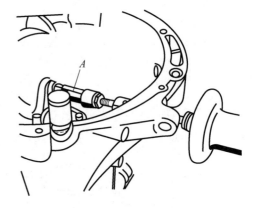
图 1-16　拉出分离轴承衬套

2）膜片弹簧式离合器组成

膜片弹簧式离合器（以丰田车为例）的组成如图 1-17 所示。

3）从动盘（离合器片）的检验与修理
（1）检查从动盘摩擦衬片的磨损。如图 1-18 所示，当铆钉头沉入摩擦表面的深度小于 0.3mm 时，应更换从动盘。
（2）将从动盘置于配套的符合标准的压盘上，用塞尺测量从动盘与压盘间的间隙，应不大于 0.08mm。
（3）检查飞轮摆振。将磁力表座吸附在发动机机体上，百分表表针抵在飞轮的最外圈，如图 1-19 所示，最大摆振应小于 0.1mm，如摆振超差，应修理或更换飞轮。

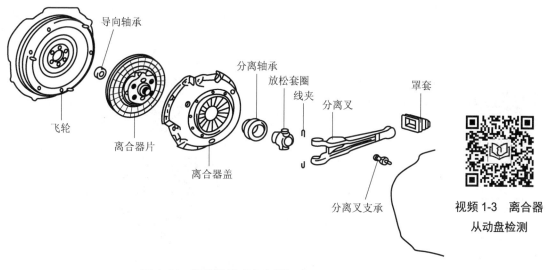

图 1-17 膜片弹簧式离合器组成

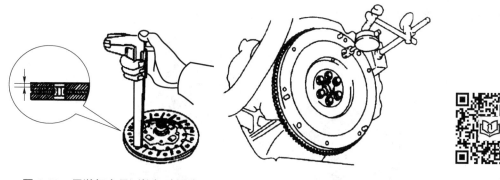

图 1-18 用游标卡尺测铆钉孔深度　　图 1-19 用百分表测量飞轮摆振　　视频 1-4 飞轮检测

4）压盘的检验与修理

（1）压盘翘曲变形的检验。将压盘摩擦面扣合在平板上，用塞尺在其缝隙处测量，压盘表面不平度不得超过 0.12mm。

（2）压盘表面光洁度检验。压盘表面不能有明显的沟槽，准确地说沟槽深度应小于 0.30mm。

（3）压盘的翘曲或沟槽可用平面磨床磨平或车床车平，加工后的厚度应不小于标准厚度 2mm。

5）膜片弹簧式离合器膜片弹簧的检查

（1）膜片弹簧磨损的检查。使用游标卡尺，测量膜片弹簧与分离轴承接触部位磨损的深度和宽度，如图 1-20 所示。要求深度小于 0.6mm，宽度小于 5.0mm，否则应予以更换。

（2）膜片弹簧变形的检查。如图 1-21 所示，用维修工具盖住弹簧片小端，用塞尺测量每个弹簧片小端与维修工具平面的间隙，弹簧片小端应在同一平面上，弯曲变形不得超过 0.5mm。否则，应用维修工具将弯曲变形过大的弹簧片小端撬起来进行调整。

（3）分离轴承的检查。如图 1-22 所示，用手固定分离轴承内缘，转动外缘，同时在轴向施加压力，如有阻滞或有明显间隙感时，则更换分离轴承。

（4）飞轮上导向轴承的检查。如图 1-23 所示，用手转动轴承，在轴向加力，如果轴承有阻滞或有明显间隙感时，则更换导向轴承。

视频 1-5　离合器盖检测

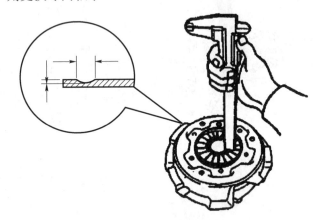

图 1-20　用游标卡尺测量膜片弹簧的磨损

6）涂润滑脂

在装配离合器前，应在如图 1-24 所示的各个位置涂润滑脂。

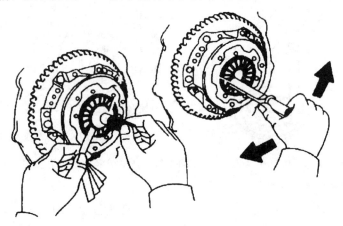

图 1-21　膜片弹簧变形的检查

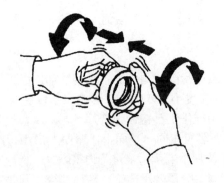

图 1-22　分离轴承的检查

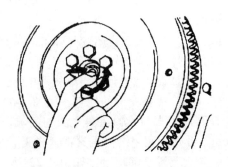

图 1-23　飞轮上导向轴承的检查

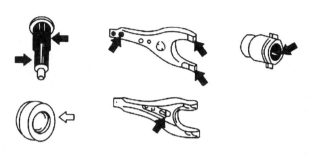

图 1-24 涂润滑脂的位置

7)装复

(1)将从动盘装在发动机的飞轮上,用定芯棒定位,从动盘上减振弹簧突出的一面朝外。

(2)装上压板组件,用扭力扳手间隔拧紧螺栓,力矩为25N·m。

(3)用专用工具将分离叉轴套压入变速器壳上。

(4)将分离叉轴的左端装上回位弹簧,如图1-25所示,先穿入变速器壳左侧的孔中,再将分离叉轴的右端装入右侧的衬套孔中。然后再装入左边的分离叉轴衬套和分离叉轴衬套座,如图1-26所示,最后将衬垫及导向套涂上密封胶,装到变速器壳前面,旋紧螺栓,力矩为15N·m。

视频1-6 膜片式离合器总成拆装

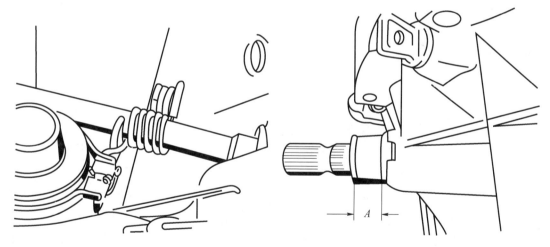

图 1-25 回位弹簧的安装位置与方向　　图 1-26 安装衬套和衬套座

知识拓展

双离合

双离合是一种既能传递动力,又能切断动力的传动机构,如图1-27所示。它的作用主要是保证汽车能平稳起步,变速换挡时减轻变速齿轮的冲击载荷并防止传动系过载。在一般汽车上,汽车换挡时通过离合器分离与接合实现,在分离与接合之间就有动

图 1-27 双离合

力传递暂时中断的现象。这在普通汽车上没有什么影响，但在争分夺秒的赛车上，如果离合器掌握不好动力跟不上，车速就会变慢，影响成绩。

双离合自动变速器（DCT）基于手动变速箱基础之上。与手动变速箱不同的是，DCT 中的两幅离合器与两根输入轴相连，换挡和离合操作都是通过集成电子和液压元件的机械电子模块来实现，不再通过离合器踏板操作。就像 Tiptronic 液力自动变速器一样，驾驶员可以手动换挡或将变速杆处于全自动 D 挡（舒适型，在发动机低速运行时换挡）或 S 挡（任务型，在发动机高速运行时换挡）模式。此种模式下的换挡通常由挡位和离合执行器实现。两幅离合器各自与不同的输入轴相连。如果离合器 1 通过实心轴与挡位一、三、五相连，那么离合器 2 则通过空心轴与挡位二、四、六和倒挡相连。通俗地说就是，这种变速箱形式有两个离合器，一个控制一、三、五挡，一个控制二、四、六挡。使用一挡的时候二挡已经准备好了，其他同理，因此换挡时间大大缩短，且没有延时。

 故障案例

1. 离合器打滑

1) 现象

汽车起步时，离合器踏板只有抬起很高或者直接松开，汽车才能勉强起步；或者是行驶过程中加速时，汽车的速度不能随之提高。这些都属于汽车离合器的打滑现象。

2) 原因及处理

（1）主要原因是离合器踏板的自由行程不够。对于这种情况可以调整离合器踏板拉杆的工作长度，使分离轴承与分离杠杆之间的间隙达到规定值。

（2）离合器摩擦片上沾有油污，从而使离合器打滑。此情况只能用浸过汽油的抹布擦拭离合器片，除去离合器片上的油污。

（3）离合器片因烧蚀而打滑。如果摩擦片较厚，可以把烧蚀部分打磨掉，并调整分离杠杆的高度。

2. 离合器异响

1) 现象

离合器接合时有时会有"沙沙"声，接合或分离或转速变化时会有"克拉克拉"的声响等。离合器异响是由离合器的有些零件不正常摩擦或撞击造成的，根据异响的声音，以及产生异响的条件可以初步判断出产生异响的部位及其原因，然后采取相应的维修方法。

2）原因及处理

（1）离合器自由行程过小或没有自由行程，这样分离杠杆与分离轴承就会长期处于接触状态。此时只要调整离合器踏板的自由行程到适当值即可。

（2）离合器片磨损过大。离合器由于经常使用，会有磨损，磨损后，离合器会经常处于半接合状态，这样汽车在行驶过程中，就会传出因离合器分离轴承转动而引起的声响。此时可以通过调整离合器踏板的自由行程来消除声响，若不能消除声音，则需更换离合器衬片。

（3）离合器衬片上的异物（油、脏污）会因为摩擦生热而使离合器片逐渐硬化，这时只要稍有打滑，就会产生异响。此时应更换离合器片。

（4）离合器分离轴承缺油，则会产生"吱吱"声。此时应给分离轴承注油，或更换离合器分离轴承。

（5）减振弹簧弹力变小或折断。减振弹簧弹力变小，会使离合器轴承分离不彻底而产生异响。离合器分离杠杆不在同一平面时，易使减振弹簧折断，从而在起步时会产生连续打滑现象，引起振动。此情况应更换从动盘。

（6）从动盘毂或离合器从动花键磨损，此时应更换从动盘或离合器从动轴。

任务二　手动变速器的结构与拆装

情境描述

刘先生有一辆奇瑞 A3 轿车，汽车在行驶过程中变速杆会自动跳回空挡位置，在中、高速，负荷突然变化或汽车受剧烈振动时，且大多数是在高速挡位跳挡。我们作为维修技工，需要根据维修手册，参考相关资料排除故障，恢复汽车底盘功能，并提出合理化使用建议，最终在检验合格后交付前台。

相关知识

一、变速器的功用和类型

1. 变速器的功用

1）实现变速、变矩

汽车上使用的发动机具有转矩变化范围小、转速高的特点，这与汽车实际的行驶状况是不相适应的。如果没有变速器而直接将发动机与驱动桥连接在一起，首先由于发动机的转矩小，不能克服汽车的行驶阻力，使汽车根本无法起步；其次假如汽车行驶起来，也会由于车速太高而不实用,甚至无法驾控。因此必须改造发动机的转矩、转速特性,使发动机的转矩增大、转速下降以适应汽车实际行驶的要求。在变速器中是通过不同的挡位来实现这一功用的。

2) 实现倒车

发动机的旋转方向从前往后看为顺时针方向,且不能改变,为了实现汽车的倒向行驶,变速器中设置了倒挡。

3) 实现中断动力传动

在发动机起动和怠速运转、变速器换挡、汽车滑行和暂时停车等情况下,都需要中断发动机的动力传动,因此变速器中设有空挡。

2. 变速器的类型

现代汽车上所采用的变速器有多种结构形式,一般按照传动比和操纵方式进行分类。

1) 按传动比的变化方式分类

变速器按传动比的级数可分为有级式、无级式和综合式三种。

(1) 有级式变速器。有级式变速器采用齿轮传动,具有若干个定值传动比。轿车和轻、中型货车变速器多采用 3~5 个前进挡和一个倒挡,每个挡位对应一个传动比。重型汽车行驶的路况复杂,变速器的挡位较多,可有 8~20 个挡位。

(2) 无级式变速器。无级式变速器英文缩写为 CVT,它的传动比的变化是连续的。目前的无级式变速器一般都采用金属带传动动力,通过主、从动带轮直径的变化实现无级变速。这种变速器在中、高级轿车中应用得越来越多。

视频 1-7 识别变速器传动机构

(3) 综合式变速器。综合式变速器是由液力变矩器和有级齿轮式变速器组成的,一般由计算机来自动实现换挡,因此又把这种变速器称为自动变速器。这种变速器的传动比可在最大值与最小值之间的几个间断的范围内做无级变化,目前应用较多。

2) 按变速器操纵方式分类

变速器按操纵方式可分为手动变速器、自动变速器和手动自动一体变速器三种。

视频 1-8 识别变速器操纵

(1) 手动变速器。手动变速器的英文缩写为 MT,即 Manual Transmission 的缩写。它是通过驾驶员用手操纵变速杆来选定挡位,并直接操纵变速器的换挡机构进行挡位变换。齿轮式有级变速器大多数都采用这种换挡方式。

(2) 自动变速器。自动变速器的英文缩写为 AT,即 Automatic Transmission 的缩写。这种变速器的自动控制系统根据发动机的负荷和车速的变化情况自动地选定挡位,并进行挡位变换,即自动地改变传动比。驾驶员只需要操纵加速踏板控制车速。

(3) 手动自动一体变速器。这种变速器可以自动换挡,也可以手动换挡,比较典型的车型有奥迪 A6 的 Tiptronic、上海帕萨特 1.8T 等。

3. 普通齿轮传动的基本原理

齿轮式变速器具有结构简单、易于制造、工作可靠、传动效率高等优点。普通齿轮变速器利用不同齿数的齿轮啮合传动来实现转矩和转速的改变。齿轮传动的基本原理如图 1-28 所示,一对齿数不同的齿轮啮合传动时可以实现变速,且两齿轮的转速比与其齿数成反比。设主动齿轮转速为 n_1,齿数为 z_1,从动齿轮转速为 n_2,齿数为 z_2。主动齿轮(即输入轴)转速与从动齿轮(即输出轴)转速的比值称为传动比,用字母 i_{12} 表示,即由齿轮 1 传到齿轮 2 的传动比

$$i_{12} = \frac{n_1}{n_2} = \frac{z_2}{z_1}$$

汽车变速器就是根据这一原理利用若干大小不同的齿轮副传动而实现变速的。

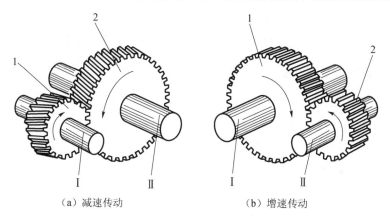

图 1-28 齿轮传动的基本原理

Ⅰ—输入轴;Ⅱ—输出轴;1—主动齿轮;2—从动齿轮

如图 1-29 所示为两级齿轮传动示意图,齿轮 1 为主动齿轮,驱动齿轮 2 转动,齿轮 3 与齿轮 2 固连在一起,再驱动齿轮 4 转动并输出动力,此时由齿轮 1 传到齿轮 4 的传动比为

$$i_{14} = \frac{n_1}{n_4} = \frac{(z_2 z_4)}{(z_1 z_3)} = i_{12} i_{34}$$

因此,可以总结为多级齿轮传动的传动比为

$$i = \frac{\text{所有从动齿轮齿数的乘积}}{\text{所有主动齿轮齿数的乘积}} = \text{各级齿轮传动比的乘积}$$

对于变速器,各挡的传动比 i 就是变速器输入轴转速与输出轴转速之比,即

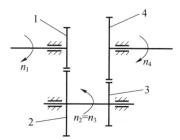

图 1-29 两级齿轮传动示意图

1、3—主动齿轮;2、4—从动齿轮

$$i = \frac{n_{输入}}{n_{输出}} = \frac{T_{输出}}{T_{输入}}$$

当 $i>1$ 时,$n_{输出} < n_{输入}$,$T_{输出} > T_{输入}$,此时实现降速增矩,为变速器的低挡位,且 i 越大,

挡位越低；当 $i=1$ 时，$n_{输出}=n_{输入}$，$T_{输出}=T_{输入}$，为变速器的直接挡；当 $i<1$ 时，$n_{输出}>n_{输入}$，$T_{输出}<T_{输入}$，此时实现升速降矩，为变速器的超速挡。

手动变速器包括变速传动机构和操纵机构两大部分。

二、变速器的结构及工作原理

手动变速器又称机械式变速器，即必须用手拨动变速杆（俗称"挡把"）才能改变变速器内的齿轮啮合位置，改变传动比，从而达到变速的目的。轿车手动变速器大多为四挡或五挡有级式齿轮传动变速器，并且通常带同步器，换挡方便，噪声小。手动变速在操纵时必须踩下离合器，方可拨得动变速杆。

手动变速器包括变速传动机构和操纵机构两大部分。变速传动机构的主要作用是改变转速、转矩的大小和方向，操纵机构的作用是实现换挡。变速传动机构是变速器的主体，手动变速器按工作轴的数量（不包括倒挡轴）可分为二轴式变速器和三轴式变速器。

1. 二轴式变速器传动机构

二轴式变速器用于发动机前置前轮驱动的汽车，一般与驱动桥（前桥）合称为手动变速驱动桥。目前，我国常见的国产轿车均采用这种变速器。

前置发动机有纵向布置和横向布置两种形式，与其配用的二轴式变速器也有两种不同的结构形式。发动机纵置时，主减速器为一对圆锥齿轮，如桑塔纳2000，如图1-30所示；发动机横置时，主减速器采用一对圆柱齿轮，如捷达轿车，如图1-31所示。

动画1-3 变速器的变速传动机构

如图1-30所示，该变速器的变速传动机构有输入轴和输出轴，两轴平行布置，输入轴也是离合器的从动轴，输出轴也是主减速器的主动锥齿轮轴。该变速器有五个前进挡和一个倒挡，全部采用锁环式惯性同步器换挡。输入轴上有一至五挡主动齿轮，其中一、二挡主动齿轮与轴制成一体，三、四、五挡主动齿轮通过滚针轴承空套在轴上。输入轴上还有倒挡主动齿轮，它与轴制成一体。三、四挡同步器和五挡同步器也装在输入轴上。输出轴上有一至五挡从动齿轮，其中一、二挡从动齿轮通过滚针轴承空套在轴上，三、四、五挡齿轮通过花键套装在轴上。一、二挡同步器也装在输出轴上。在变速器壳体的右端还装有倒挡轴，上面通过滚针轴承套装有倒挡中间齿轮。

1）发动机纵向布置的二轴式变速器

（1）结构。如图1-32、图1-33所示分别为桑塔纳2000轿车二轴式变速器传动机构的结构图和示意图。

项目一　汽车底盘传动系统检修

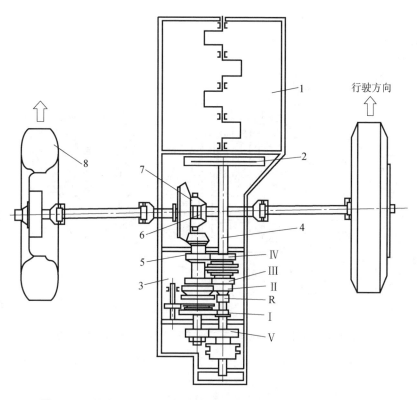

图 1-30　发动机纵置的二轴式变速器传动示意图（桑塔纳 2000）

1—纵置发动机；2—离合器；3—变速器；4—变速器输入轴；5—变速器输出轴（主减速器主动锥齿轮）；
6—差速器；7—主减速器从动锥齿轮；8—前轮
Ⅰ、Ⅱ、Ⅲ、Ⅳ、Ⅴ——一、二、三、四、五挡齿轮；R—倒挡齿轮

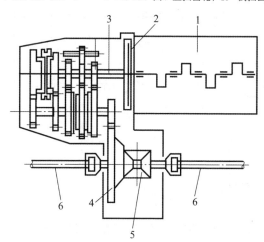

图 1-31　发动机横置的二轴式变速器传动示意图（捷达）

1—发动机；2—离合器；3—变速器；4—主减速器；5—差速器；6—带等角速万向节的半轴

| 21 |

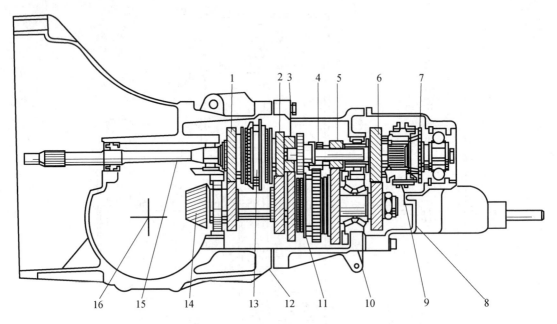

图 1-32 桑塔纳 2000 轿车二轴式变速器传动机构的结构图

1—四挡齿轮；2—三挡齿轮；3—二挡齿轮；4—倒挡齿轮；5——挡齿轮；6—五挡齿轮；7—五挡运行齿环；
8—换挡机构壳体；9—五挡同步器；10—齿轮箱体；11——、二挡同步器；12—变速器壳体；
13—三、四挡同步器；14—输出轴；15—输入轴；16—差速器

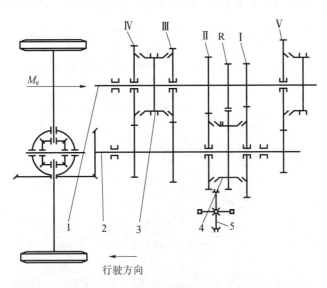

图 1-33 桑塔纳 2000 轿车二轴式变速器传动机构的示意图

1—输入轴；2—输出轴；3—三、四挡同步器；4——、二挡同步器；5—倒挡中间齿轮；
Ⅰ——挡齿轮；Ⅱ—二挡齿轮；Ⅲ—三挡齿轮；Ⅳ—四挡齿轮；Ⅴ—五挡齿轮；R—倒挡齿轮

(2)各挡动力传动路线。各挡动力传动路线如表1-1所示。

表1-1 桑塔纳2000轿车变速器动力传动路线

挡位	动力传递路线
一	变速器操纵杆从空挡向左、向前移动,实现:动力→输入轴→输入轴一挡齿轮→输出轴一挡齿轮→输出轴上一、二挡同步器→输出轴→动力输出
二	变速器操纵杆从空挡向左、向后移动,实现:动力→输入轴→输入轴二挡齿轮→输出轴二挡齿轮→输出轴上一、二挡同步器→输出轴→动力输出
三	变速器操纵杆从空挡向前移动,实现:动力→输入轴→输入轴三、四挡同步器→输出轴三挡齿轮→输出轴上三挡齿轮→输出轴→动力输出
四	变速器操纵杆从空挡向后移动,实现:动力→输入轴→输入轴三、四挡同步器→输出轴四挡齿轮→输出轴上四挡齿轮→输出轴→动力输出
五	变速器操纵杆从空挡向右、向前移动,实现:动力→输入轴→输入轴五挡同步器→输出轴五挡齿轮→输出轴上五挡齿轮→输出轴→动力输出
倒	变速器操纵杆从空挡向右、向后移动,实现:动力→输入轴→输出轴倒挡齿轮→倒挡轴上倒挡齿轮→输出轴倒挡齿轮→输出轴→动力反向输出

(3)拆装和检修。变速传动机构包括输入轴、输出轴及其上的齿轮,输入轴和输出轴的分解分别如图1-34和图1-35所示。

① 拆卸。

a. 整套齿轮的拆卸。拆卸变速器→拆下变速器后盖→拆下轴承支座→拆下整套齿轮。

b. 输入轴的拆卸。拆下四挡齿轮的卡环→取下四挡齿轮、同步环和滚针轴承,拆下同步器锁环→取下三挡和四挡同步器、三挡同步环和齿轮→取下三挡齿轮的滚针轴承→取下输入轴的中间轴承内座圈。

c. 输出轴的拆卸。拆下输出轴内后轴承和一挡齿轮→取下滚针轴承和一挡同步环→取下滚针轴承的内座圈、同步器和二挡齿轮→取下二挡齿轮的滚针轴承,拆下三挡齿轮的卡环、三挡齿轮→拆下四挡齿轮的卡环、四挡齿轮→拆下输出轴的前轴承。

② 检修。

a. 检查所有齿轮和轴承的损坏情况。齿面有轻微斑点,在不影响使用的情况下可以用油石修磨。当齿厚磨损超过0.2mm,齿长磨损超过原齿长的15%,或斑点面积超过齿面15%时则更换齿轮。装好滚针轴承和内座圈后,用百分表检查齿轮与内座圈之间的间隙,如图1-36所示。标准间隙为0.009~0.060mm,极限间隙为0.15mm,超过极限间隙应更换轴承。

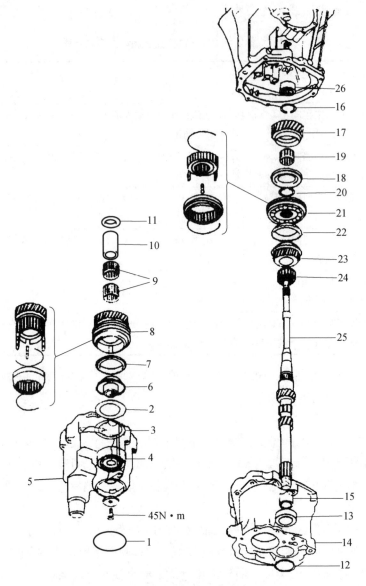

图 1-34　输入轴分解图

1—后轴承的罩盖；2—挡油圈；3—卡环；4—输入轴后轴承；5—变速器后盖；6—五挡同步套管；7—五挡同步环；8—五挡同步器和齿轮；9—五挡齿轮滚针轴承；10—五挡齿轮滚针轴承内座圈；11—固定垫圈；12—卡环；13—中间轴承；14—轴承支座；15—中间轴承内座圈；16—卡环；17—四挡齿轮；18—四挡同步环；19—四挡齿轮滚针轴承；20—卡环；21—三挡和四挡同步器；22—三挡同步环；23—三挡齿轮；24—三挡齿轮滚针轴承；25—输入轴；26—输入轴滚针轴承

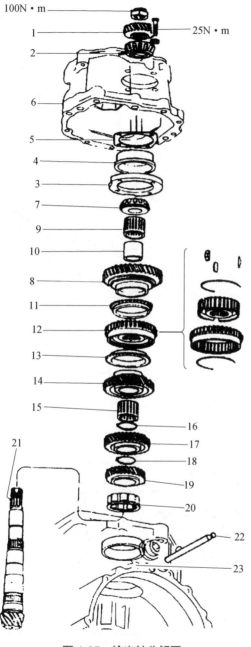

视频 1-9 两轴式手动变速器五挡齿轮的拆卸

视频 1-10 两轴式手动变速器五挡齿轮的安装

图 1-35 输出轴分解图

1—五挡齿轮；2—输出轴外后轴承；3—轴承保持架；4—后轴承外圈；5—调整垫片；6—轴承支座；7—输出轴内后轴承；8—一挡齿轮；9—一挡齿轮滚针轴承；10—一挡齿轮滚针轴承内座圈；11—一挡同步环；12—一挡和二挡同步器；13—二挡同步环；14—二挡齿轮；15—二挡齿轮滚针轴承；16—挡环；17—三挡齿轮（凸缘应转向四挡齿轮）；18—挡环；19—四挡齿轮（凸缘应转向主动锥齿轮）；20—输出轴前轴承；21—输出轴；22—圆柱销；23—输出轴前轴承外圈

> **特别提示**
>
> 注意：齿轮应成对更换。

b. 检查输入轴和输出轴，不应有裂纹，轴径及花键不应有严重磨损，轴上的齿轮不应有断齿和严重磨损，否则应更换。检查轴的径向圆跳动，如图1-37所示，不应超过0.05mm，否则应更换或校正。

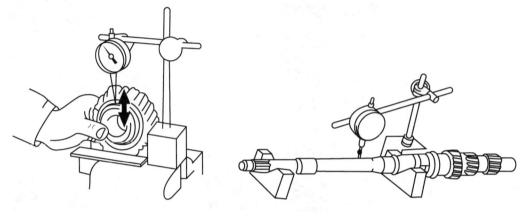

图1-36　检查齿轮与内座圈之间的间隙　　　　图1-37　检查轴的径向圆跳动

c. 检查同步器。将同步环压在各自齿轮的锥面上，按压转动同步环时要有阻力，用塞尺测量环齿与轮齿之间的间隙 a，如图1-38所示。间隙 a 的规定值如表1-2所示。如果不符合规定，则更换同步环。

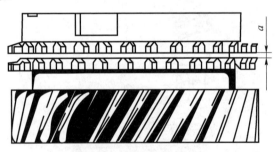

图1-38　检查同步器间隙

表1-2　同步器环齿与轮齿之间的间隙 a　　　　　　　　　　　　　　单位：mm

同步环	间隙 a	
	新的零件	磨损的限度
一挡和二挡	1.10～1.17	0.05
三挡和四挡	1.35～1.90	0.05
五挡	1.10～1.70	0.05

③ 装配。装上中间轴承的内座圈。将预先润滑过的三挡齿轮滚针轴承装上，把油槽转

向二挡齿轮。组装三挡、四挡同步器。装上三挡齿轮和三挡、四挡同步器，装上卡环。装上同步环、滚针轴承和四挡齿轮，再装卡环。用 2kN 的力将三挡齿轮、同步器和四挡齿轮紧紧压在卡环上，把总成固定好。将前轴承装在输出轴上，装上四挡齿轮，用手扶住前轴承，齿轮有凸缘的一边应朝向轴承。用卡环将四挡齿轮固定好（卡环的厚度有 2.35mm、2.38mm、2.41mm、2.44mm、2.47mm 等几种）。安装三挡齿轮，凸缘应朝向四挡齿轮。用塞尺测量卡环的厚度，根据测量结果，选择适当的卡环装上。安装滚针轴承、齿轮和二挡同步环。装配一挡和二挡同步器。装上一挡和二挡同步器，同步器壳体的槽应朝一挡齿轮。装上一挡齿轮滚针轴承的内座圈。装上一挡同步环、一挡齿轮、一挡齿轮滚针轴承。装上内后轴承，将输入轴和输出轴装在轴承支座上，将轴承支座装在变速器壳体上。将变速器后盖装在变速器轴承支座上。

2）发动机横向布置的二轴式变速器。

（1）结构。发动机横向布置的二轴式变速器结构如图 1-39 所示，所有前进挡齿轮和倒挡齿轮都采用常啮合斜齿轮，并采用锁环式同步器换挡。

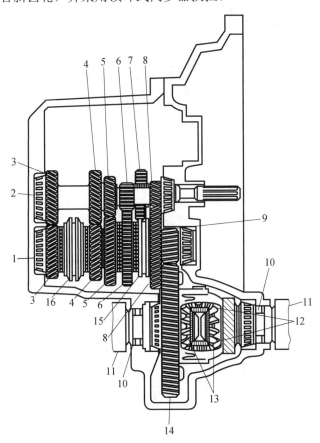

图 1-39 发动机横向布置的二轴式变速器结构图

1—输出轴；2—输入轴；3—四挡齿轮；4—二挡齿轮；5—二挡齿轮；6—倒挡齿轮；7—倒挡惰轮；8—一挡齿轮；9—主减速器主动齿轮；10—差速器油封；11—等速万向节轴；12—差速行星齿轮；13—差速半轴齿轮；14—主减速器从动齿轮；15—一、二挡同步器；16—三、四挡同步器

（2）动力传动路线

① 一挡。一挡动力传动路线如图 1-40 所示，一、二挡同步器使一挡齿轮与主减速器主动齿轮轴接合，将变速齿轮锁定到主减速器主动齿轮轴上。输入轴齿轮的一挡主动齿轮顺时针转动，逆时针地驱动一挡从动齿轮和主减速器主动齿轮轴，顺时针驱动主减速器从动齿轮。

② 二挡。从一挡向二挡换挡时，一、二挡同步器接合套与一挡从动齿轮分离，并接合二挡从动齿轮，动力传动路线如图 1-41 所示。

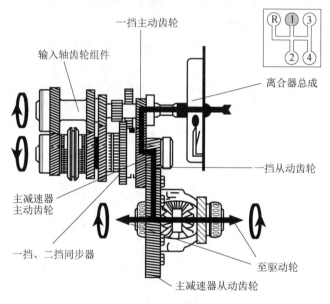

图 1-40　一挡动力传动路线

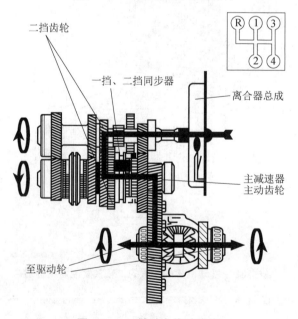

图 1-41　二挡动力传动路线

③ 三挡。当二挡同步器接合套返回空挡后,将三、四挡同步器锁定到主减速器主动齿轮轴上的三挡齿轮上。其动力传动路线如图 1-42 所示。

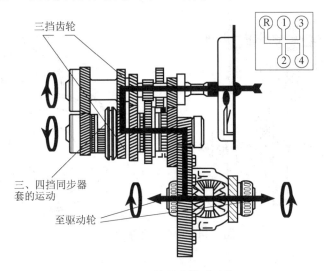

图 1-42　三挡动力传动路线

④ 四挡。将三、四挡同步器接合套从三挡齿轮移开,移向四挡齿轮,将其锁定在主减速器主动齿轮轴上。其动力传动路线如图 1-43 所示。

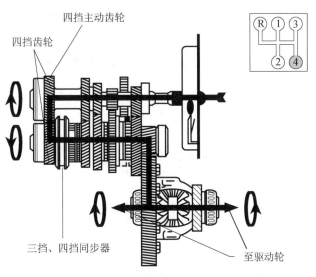

图 1-43　四挡动力传动路线

⑤ 倒挡。变速杆位于倒挡时,倒挡惰轮换入,与倒挡主动齿轮和倒挡从动齿轮啮合。倒挡从动齿轮同时又是一、二挡同步器接合套,同步器接合套带有沿其外缘加工的直齿。倒挡惰轮改变变速齿轮的转动方向,汽车就可以倒车。其动力传动路线如图 1-44 所示。

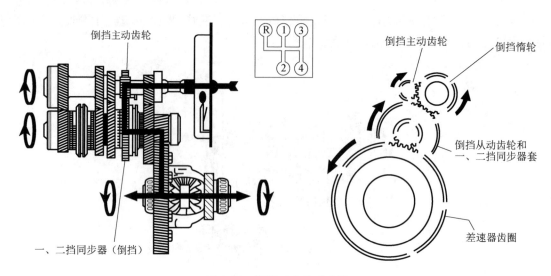

图 1-44 倒挡动力传动路线

3) 同步器

(1) 同步器的功用。目前汽车中手动、普通齿轮变速器换挡的方式有两种：一是采用直齿滑动齿轮，如东风 EQ1092 的一挡、倒挡的换挡方式；二是采用同步器换挡，这种方式应用最广泛，几乎所有的变速器都是采用同步器进行换挡。

同步器的功用是使接合套与待啮合的齿圈迅速同步，缩短换挡时间，且防止在同步前啮合而产生换挡冲击。

(2) 无同步器的换挡过程。在此以无同步器五挡变速器的四、五挡互换为例进行介绍，如图 1-45 所示为其结构简图，采用接合套进行换挡。

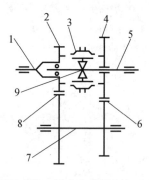

图 1-45 无同步器五挡变速器的四、五挡互换简图

1—一轴；2——轴常啮合齿轮；3—接合套；4—二轴四挡齿轮；
5—二轴；6—中间轴四挡齿轮；7—中间轴；8—中间轴常啮合齿轮；9—花键毂

① 低挡换高挡（四挡换五挡）。变速器在四挡工作时，接合套 3 与二轴四挡齿轮 4 上的接合齿圈啮合，两者接合齿圈的圆周速度 $V_3=V_4$。欲换入五挡时，驾驶员先踩下离合器踏板，离合器分离，再通过变速操纵机构将接合套 3 左移，处于空挡位置，此时仍满足 $V_3=V_4$。因

为二轴四挡齿轮 4 的转速低于一轴常啮合齿轮 2 的转速,即圆周速度 $V_4<V_2$,所以在换入空挡的瞬间,$V_3<V_2$,为避免齿轮冲击,不应立即换入五挡,而是先在空挡停留片刻。在空挡位置时,变速器输入轴各零件已与发动机中断了动力传递且转动惯量较小,加上中间轴齿轮有搅油阻力,因此 V_2 下降较快,如图 1-46(a)所示。而整个汽车的转动惯性大,导致接合套 3(与第二轴转速相同)的圆周速度 V_3 下降较慢,图 1-46(a)中两直线 V3、V2 相交,交点即为同步状态($V_3=V_2$)。此时将接合套左移与齿轮 2 上的齿圈啮合挂入五挡,不会产生冲击。但自然减速出现同步的时刻太晚,因此,在摘下四挡后,应立即抬起离合器踏板,利用发动机怠速工况迫使一轴更快地减速,使 V_2 较快地下降,如图 1-46(a)中虚线所示,这样同步点出现变早,从而缩短了换挡时间。

② 高挡换低挡(五挡换四挡)。变速器在五挡工作时以及由五挡换入空挡的瞬间,接合套 3 与一轴常啮合齿轮 2 接合齿圈的圆周速度相同,即 $V_3=V_2$,因 $V_2>V_4$,故 $V_3>V_4$,如图 1-46(b)所示。但在空挡时 V_4 下降得比 V_3 快,即 V_4 与 V_3 不会出现相交点,不可能达到自然同步状态。因此驾驶员应在变速器退回空挡后,立即抬起离合器踏板,同时踩下加速踏板,使发动机连同离合器从动盘和一轴都从 B 点开始加速,使 $V_4>V_3$,如图 1-46(b)中虚线所示,再踩下离合器踏板稍等片刻,$V_3=V_4$(同步点 A)时,即可换入四挡。

图 1-46(b)中还有一次同步时刻 A',利用这一点来缩短换挡时间,由于此点是踩加速踏板过程中出现的,所以要求有熟练的操作技能。

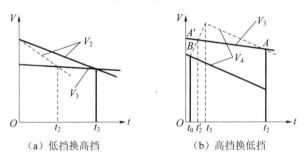

(a)低挡换高挡 (b)高挡换低挡

图 1-46 无同步器的换挡过程

由此可见,欲使无同步器变速器换挡时不产生换挡冲击,需采取较复杂的操作,这样不仅易使驾驶员产生疲劳,而且会降低齿轮的使用寿命。

同步器是在接合套的基础上发展起来的,下面通过介绍同步器结构和原理来进一步了解同步器的功用。

(3)同步器的构造及工作原理。目前所采用的同步器几乎都是摩擦式惯性同步器,按锁止装置不同,可分为锁环式惯性同步器和锁销式惯性同步器。

① 锁环式惯性同步器。

a. 构造。锁环式惯性同步器的结构如图 1-47 所示,花键毂 7 用内花键套装在二轴外花键上,用垫圈、卡轴向定位。花键毂 7 两端与齿轮 1 和 4 之间各有一个青铜制成的锁环(即同步环)5 和 9。锁环上有短花键齿圈,其花键的尺寸和齿数与花键毂、齿轮 1 和 4 的外花键齿相同。两个齿轮和锁环上的花键齿,靠近接合套 8 的一端都有倒角(锁止角),与接合套齿端的倒角相同。锁环有内锥面,与齿轮 1、4 的外锥面锥角相同。在锁环内锥面上制有细密的螺纹(或直槽),当锥面接触后,它能及时破坏油膜,增加锥面间的摩擦力。锁环内锥面摩擦副称为摩擦件,外沿带倒角的齿圈是锁止件,锁环上还有三个均布的缺口 12。三个滑块 2 分别装在花键毂 7 上三个均布的轴向槽 11 内,沿槽可以轴向移动。滑块被两个弹簧圈 6 的径向力压向接合套,滑块中部的凸起部位压嵌在接合套中部的环槽 10 内。滑块和弹簧是推动件。滑块两端伸入锁环 5 的缺口 12 中,滑块窄缺口宽,两者之差等于锁环的花键齿宽。锁环相对滑块顺转和逆转都只能转动半个齿宽,且只有当滑块位于锁环缺口的中央时,接合套与锁环才能接合。

b. 工作原理。在此以二挡换三挡为例,说明同步器的工作原理,如图 1-48 所示。

空挡位置:接合套 8 刚从二挡退入空挡时,如图 1-48(a)所示,三挡齿轮 1、接合套 8、锁环 9 及与其有关联的运动件,因惯性作用而沿原方向继续旋转(图示箭头方向)。由于齿轮 1 是高挡齿轮(相对于二挡齿轮来说),所以接合套 8、锁环 9 的转速低于齿轮 1 的转速。

动画 1-4 锁环式同步器工作原理

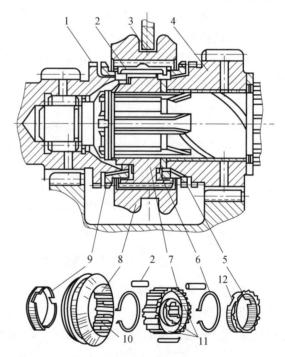

图 1-47 锁环式惯性同步器

1——轴常啮合齿轮的接合齿圈;2——滑块;3——拨叉;4——二轴齿轮;5、9——锁环(同步环);
6——弹簧圈;7——花键毂;8——接合套;10——环槽;11——三个轴向槽;12——缺口

挂挡:欲换入三挡时,驾驶员通过变速杆使拨叉 3 推动接合套 8 连同滑块 2 一起向左移动,如图 1-48(b)所示,滑块又推动锁环移向齿轮 1,使锥面接触。驾驶员作用在接合套上的轴向推力,使两锥面有正压力 N,又因为两者有转速差,所以产生摩擦力矩。通过摩擦作用,齿轮1带动锁环相对于接合套向前转动一个角度,直到锁环缺口靠在滑块的另一侧(上侧)为止,此时接合套的内齿与锁环错开了约半个齿宽的距离,接合套的齿端倒角面与锁环的齿端倒角面互相抵住。

锁止:驾驶员的轴向推力使接合套的齿端倒角面与锁环的齿端倒角面之间产生正压力,从而形成一个试图拨动锁环相对于接合套反转的力矩,称为拨环力矩。这样在锁环上同时作用着方向相反的摩擦力矩和拨环力矩,同步器的结构参数可以保证在同步前(存在摩擦力矩)拨环力矩始终小于摩擦力矩,因此在同步之前无论驾驶员施加多大的操纵力,都挂不上挡,即产生锁止作用,如图1-48(c)所示。

同步啮合:随着驾驶员施加于接合套上的推力加大,摩擦力矩不断增加,使齿轮1的转速迅速降低。当齿轮1、接合套8和锁环9同步时,作用在锁环上的摩擦力矩消失。此时在拨环力矩的作用下,锁环9、齿轮1及与之相连的各零件都对于接合套反转一个角度,滑块2处于锁环缺口的中央,键齿不再抵触,锁环的锁止作用消除。接合套压下弹簧圈继续左移(滑块脱离接合套的内环槽而不能左移),与锁环的花键齿圈进入啮合。进而再与齿轮1进入啮合,如图1-48(d),从而换入三挡。

锁环式同步器尺寸小、结构紧凑、摩擦力矩也小,多用于轿车和轻型车辆。

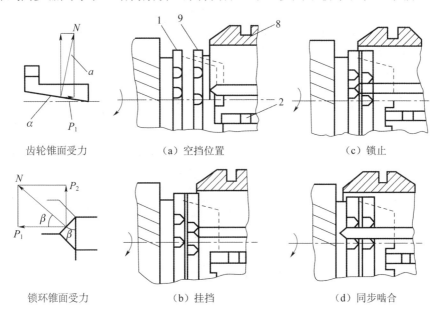

图 1-48　锁环式惯性同步器工作原理

1—待啮合齿轮的接合齿圈;2—滑块;8—接合套;9—锁环(同步环)

c.装配要点。以桑塔纳2000轿车五挡变速器的同步器为例,在装配同步器时,花键毂的细槽应朝向接合套拨叉槽的对面一侧,如图1-49所示。花键毂上有三个凹口,接合套上有三个凹陷的内齿。安装时,三个凹口与三个凹陷的内齿吻合,这样可以安装滑块。再安装弹簧圈,相互间隙120°,且弹簧圈弯的一端嵌入一个滑块中,如图1-50所示。

② 锁销式惯性同步器。大、中型货车普遍采用锁销式惯性同步器，下面以东风 EQ1092 汽车五挡变速器的四、五挡同步器为例进行介绍。

视频 1-11　同步器分解检测及安装视频组

（1—分解；2—滑块检测；3—锁环检测；
4—花键毂检测及安装）

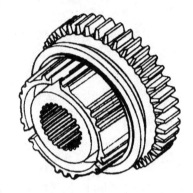

图 1-49　装配同步器

图 1-50　装入弹簧圈和滑块

四、五挡锁销式惯性同步器的结构如图 1-51 所示。

两个带有内锥面的摩擦锥盘 2，以其内花键分别固装在带有接合齿圈的斜齿轮 1 和 6 上，随齿轮一起转动。两个有外锥面的摩擦锥环 3，其上有圆周均布的三个锁销 8、三个定位销 4 与接合套 5 装在一起。定位销与接合套的相应孔是滑动配合，定位销中部切有一小段环槽，接合套钻有斜孔，内装弹簧 11，把钢球 10 顶向定位销中部的环槽，使接合套处于空挡位置，定位销随接合套能轴向移动。定位销两端伸入两锥环 3 内侧面的弧线形浅坑中，定位销与浅坑有周向间隙，锥环相对接合套在一定范围内做周向摆动。锁销中部环槽的两端和接合套相应孔两端切有相同的倒角，锁销与孔对中时，接合套才能沿锁销轴向移动，锁销两端铆接在锥环相应的孔中。两个锥环、三个锁销、三个定位销和接合套构成一个部件，套在花键毂 9 的齿圈上。

锁销式惯性同步器的工作原理与锁环式惯性同步器类似。

换挡时接合套受到拨叉的轴向推力作用，通过钢球 10、定位销 4 推动摩擦锥环 3 向前移动。因摩擦锥环与锥盘有转速差，故接触后的摩擦作用使锥环和锁销相对于接合套转过一个角度，以致锁销与接合套上相应孔的中心线不再同心，锁销中部倒角与接合套孔端的锥面相抵触。在同步前，作用在摩擦面的摩擦力矩总大于拨销力矩，接合套被锁止不能前移，从而防止在同步前接合套与齿圈进入啮合。同步后摩擦力矩消失，拨销力矩使锁销、摩擦锥盘和相应的齿轮相对于接合套转过一个角度，锁销与接合套的相应孔对中，接合套克服弹簧 11 的张力压下钢球并沿锁销向前移动，完成换挡。

2．二轴式变速器的操纵机构

手动变速器操纵机构的功用是保证驾驶员能准确可靠地将变速器挂入所需要的挡位，并可随时退至空挡。

1）类型

变速器操纵机构按照变速操纵杆（变速杆）位置的不同，可分为直接操纵式和远距离操纵式两种类型。

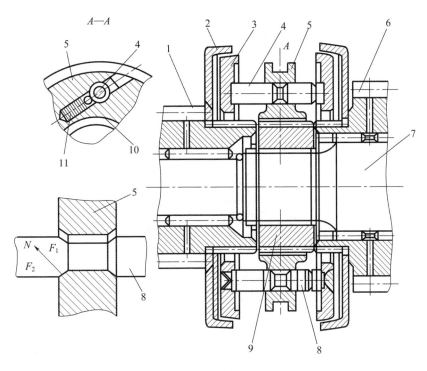

图 1-51 锁销式惯性同步器

1——轴齿轮；2—摩擦锥盘；3—摩擦锥环；4—定位销；5—接合套；6—二轴四挡齿轮；
7—二轴；8—锁销；9—花键毂；10—钢球；11—弹簧

（1）直接操纵式。这种形式的变速器布置在驾驶员座椅附近，变速杆由驾驶室底板伸出，驾驶员可以直接操纵，及用于发动机前置后轮驱动的车辆。解放 CA1091 中型货车六挡变速器操纵机构就采用这种形式，如图 1-52 所示。

拨叉轴 7、8、9 和 10 的两端均支承于变速器盖的相应孔中，可以轴向滑动。所有的拨叉和拨块都以弹性销固定于相应的拨叉轴上。三、四挡拨叉 2 的上端具有拨块。拨叉 2 和拨块 3、4、14 的顶部制有凹槽。变速器处于空挡时，各凹槽在横向平面内对齐，叉形拨杆 13 下端的球头即伸入这些凹槽中。选挡时可使变速杆绕其中部球形支点横向摆动，其下端推动叉形拨杆 13 绕换挡轴 11 的轴线摆动，从而使叉形拨杆下端球头对准与所选挡位对应的拨块凹槽，然后使变速杆纵向摆动，从而带动拨叉轴及拨叉向前或向后移动，即可实现挂挡。例如，横向摆动变速杆使叉形拨杆下端球头深入拨块 3 顶部凹槽中，拨块 3 连同拨叉轴 9 和拨叉 5 若沿纵向向前移动一定距离，便可挂入二挡；若向后移动一段距离，则挂入一挡。当叉形拨杆下端球头深入拨块 14 的凹槽中，并向前移动一段距离时，便挂入倒挡。

各种变速器由于挡位数及挡位排列位置不同，其拨叉和拨叉轴的数量及排列位置也不相同。例如，上述的六挡变速器的六个前进挡用了三根拨叉轴，倒挡独立使用了一根拨叉轴，共有四根拨叉轴；而东风 EQ1092 的五挡变速器具有三根拨叉轴，其二、三挡和四、五挡各占一根拨叉轴，一挡和倒挡共用一根拨叉轴。

（2）远距离操纵式。在有些汽车上，由于变速器离驾驶员座位较远，则需要在变速杆与拨叉之间加装一些辅助杠杆或一套传动机构，构成远距离操纵机构。这种操纵机构多用于发动机前置前轮驱动的轿车,如桑塔纳 2000 轿车的五挡手动变速器,其变速器安装在前驱动桥处,远离驾驶员座椅,需要采用这种操纵方式,如图 1-53 所示。

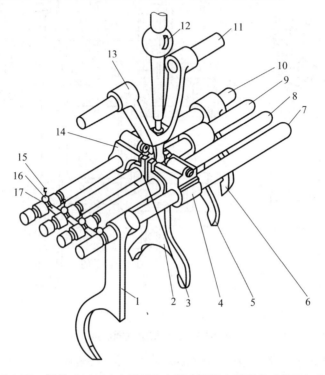

图 1-52 解放 CA1091 中型货车六挡变速器直接操纵式操纵机构

1—五、六挡拨叉;2—三、四挡拨叉;3—一、二挡拨块;4—五、六挡拨块;5—一、二挡拨叉;6—倒挡拨叉;
7—五、六挡拨叉轴;8—三、四挡拨叉轴;9—一、二挡拨叉轴;10—倒挡拨叉轴;11—换挡轴;
12—变速杆;13—叉形拨杆;14—倒挡拨块;15—自锁弹簧;16—自锁钢球;17—互锁销

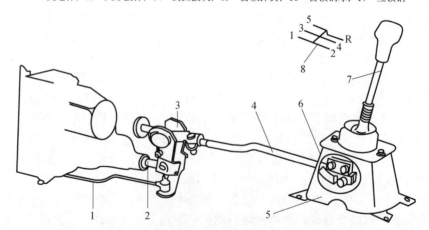

图 1-53 桑塔纳 2000 轿车五挡手动变速器的远距离操纵机构

1—支撑杆;2—内换挡杆;3—换挡杆接合器;4—外换挡杆;5—倒挡保险挡块;6—换挡手柄座;7—变速杆;8—换挡标记

而在变速器壳体上具有类似于直接操纵式的内换挡机构，如图1-54所示。

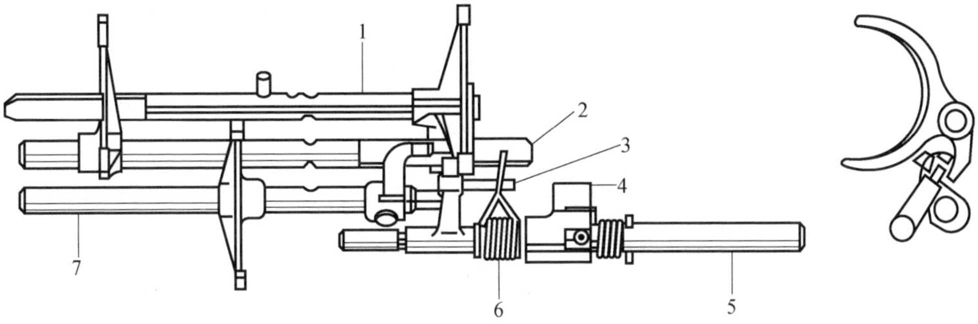

图1-54 桑塔纳2000轿车五挡手动变速器的内换挡机构

1—五、倒挡拨叉轴；2—三、四挡拨叉轴；3—定位拨销；4—倒挡保险挡块；5—内换挡杆；
6—定位弹簧；7—一、二挡拨叉轴

另外，有些轿车和轻型货车的变速器，将变速杆安装在转向柱管上，如图1-55所示。在变速杆与变速器之间也是通过一系列的传动件（选速杆）进行传动的，属于远距离操纵方式，具有变速杆占据空间小、乘坐方便等优点。

2）换挡锁装置

为了保证变速器在任何情况下都能准确、安全、可靠地工作，变速器操纵机构一般都具有换挡锁装置，包括自锁装置、互锁装置和倒挡锁装置。

（1）自锁装置。自锁装置用于防止变速器自动脱挡或挂挡，并保证齿轮以全齿宽啮合。大多数变速器的自锁装置都是采用自锁钢球对拨叉轴进行轴向定位锁止。如图1-56所示，在变速器盖中钻有三个深孔，孔中装入自锁钢球和自锁弹簧，其位置正处于拨叉轴的正上方，每根拨叉轴对着钢球的表面沿轴向设有三个凹槽，槽的深度小于钢球的半径。中间的凹槽对正钢球时为空挡位置，前边或后边的凹槽对正钢球时则处于某一工作挡位置，相邻凹槽之间的距离保证齿轮处于全齿长啮合或是完全退出啮合。凹槽对正钢球时，钢球便在自锁弹簧的压力作用下嵌入该凹槽，拨叉轴的轴向位置便被固定，不能再自行挂挡或自行脱挡。当需要换挡时，驾驶员通过变速杆对拨叉轴施加一定的轴向力，克服自锁弹簧的压力而将自锁钢球从拨叉轴凹槽中挤出并推回孔中，拨叉轴便可滑过钢球进行轴向移动，并带动拨叉及相应的接合套或滑动齿轮轴向移动，当拨叉轴移至其另一凹槽与钢球对正时，钢球又被压入凹槽，此时拨叉所带动的接合套或滑动齿轮便被拨入空挡或另一工作挡位。

（2）互锁装置。互锁装置用于防止同时挂上两个挡位。互锁装置由互锁钢球和互锁销组成，如图1-57所示。

当变速器处于空挡时，所有拨叉轴的侧面凹槽同互锁钢球、互锁销都在一条直线上。当移动中间拨叉轴3时，如图1-57（a）所示，拨叉轴3两侧的内钢球从其侧凹槽中被挤出，而两外钢球2和4则分别嵌入拨叉轴1和拨叉轴5的侧面凹槽中，因而将拨叉轴1和拨叉轴5刚性地锁止在空挡位置。若欲移动拨叉轴5，则应先将拨叉轴3退回到空挡位置。于是在移动拨叉轴5时，钢球4便从拨叉轴5的凹槽中被挤出，同时通过互锁销6和其他钢球将拨叉轴3和拨叉轴1均锁止在空挡位置，如图1-57（b）所示。同理，当移动拨叉轴1时，则拨叉轴 3 和拨叉轴 5 被锁止在空挡位置，如图 1-57（c）所示。由此可知，互锁装置工作的机理是当驾驶员用变速杆推动某一拨叉轴时，自动锁止其余拨叉轴，从而防止同时挂上两个挡位。

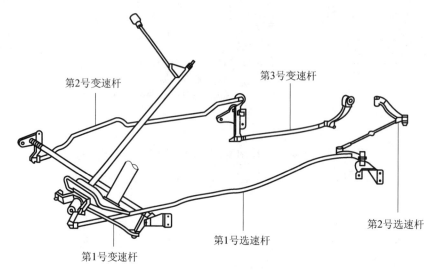

图 1-55　柱式换挡操纵机构

动画 1-5　自锁装置　　动画 1-6　互锁装置

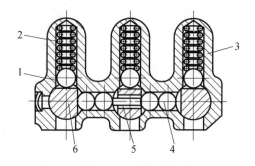

图 1-56　自锁和互锁装置

1—自锁钢球；2—自锁弹簧；3—变速器盖；4—互锁钢球；5—互锁销；6—拨叉轴

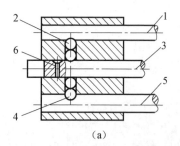
（a）

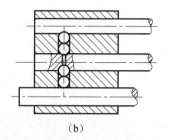
（b）

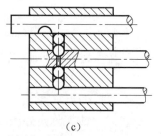
（c）

图 1-57　互锁装置工作示意图

1、3、5—拨叉轴；2、4—互锁钢球；6—互锁销有的三挡变速器将自锁和互锁装置合二为一，如图 1-58 所示，其中 $a=b$。

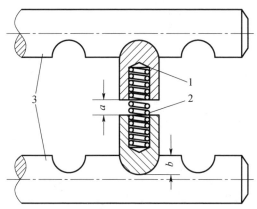

图 1-58　合二为一的自锁和互锁装置

1—锁销；2—锁止弹簧；3—拨叉轴

（3）倒挡锁装置。图 1-59 所示为常见的锁销式倒挡锁装置。当驾驶员挂倒挡时，必须用较大的力使变速杆 4 下端压缩弹簧 2，将锁销推入锁销孔内，才能使变速杆下端进入拨块 3 的凹槽中进行换挡。由此可见，倒挡锁的作用是使驾驶员必须对变速杆施加更大的力，才能挂入倒挡，起到警示作用，以防误挂倒挡。

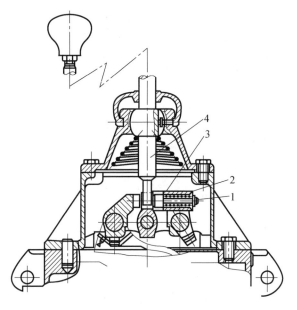

图 1-59　锁销式倒挡锁装置

动画 1-7　倒档锁装置

1—倒挡锁销；2—倒挡锁弹簧；3—倒挡拨块；4—变速杆

3）变速器操纵机构的拆装、调整

以桑塔纳 2000 轿车五挡手动变速器的操纵机构为例进行介绍，该操纵机构分解图如图 1-60 所示。

图 1-60 桑塔纳 2000 轿车五挡手动变速器操纵机构分解图

1—换挡手柄；2—防尘罩衬套；3—防尘罩；4—仪表板；5—锁圈；6—挡圈；7—弹簧；8—上换挡杆；9—换挡杆支架；
10—夹箍；11—变速杆罩壳；12—缓冲垫；13—倒挡缓冲垫；14—密封罩；15—下换挡杆；16—支撑杆；
17—离合块；18—换挡连接套；19—轴承右侧压板；20—罩盖；21—支撑轴；22—轴承左侧压板；23—塑料衬套

（1）变速器操纵机构的调整。挂入一挡，将上换挡杆向左推至缓冲垫处，慢慢松开上换挡杆，上换挡杆应朝右返回 5～10mm，挂入五挡。将上换挡杆向右推至缓冲垫处，慢慢松开上换挡杆，上换挡杆应朝左返回 5～10mm。当上换挡杆朝一挡和五挡压去时，上换挡杆大致返回同样的距离，如有必要，可通过移动换挡杆支架的椭圆形孔进行调整。检查各挡齿轮啮合是否平滑，如果啮合困难，要进行调整。先将上换挡杆置于极限位置上，然后旋松夹箍的螺母，移动上换挡杆，要求下换挡杆在连接时自由滑动。取下换挡手柄和防尘罩，将换挡杆支架孔与变速杆罩壳的孔对准，并旋紧螺栓。用专用工具 VW5305/7 进行安装，将其嵌入换挡杆支架前孔中，将上换挡杆放在"C"位置上，如图 1-61 所示。

轻轻地旋紧下面的螺栓，将专用工具 VW5305/7 固定好。将上换挡杆放到最右面，直至缓冲垫，旋紧定位器螺栓。将上换挡杆放在"B"位置上，如图 1-62 所示。

用 20N·m 的力矩旋紧夹箍螺母。取下专用工具 VW5305/7，挂入一挡，将上换挡杆向左压到底。松开上换挡杆，由于弹簧的作用上换挡杆返回到右边。挂入五挡，将上换挡杆向右压到底。松开上换挡杆，由于弹簧的作用上换挡杆返回到左边。先后挂入所有的挡位，特别要注意倒挡的锁止功能。装上仪表板、防尘罩和换挡手柄。

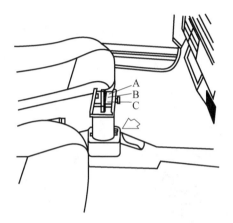
图 1-61 将上换挡杆放在"C"位置上

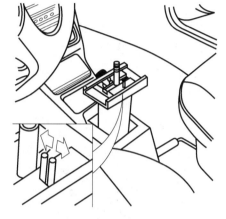
图 1-62 将上换挡杆放在"B"位置上

（2）变速器操纵机构的拆装。拆装时要参看图 1-60～图 1-62。

① 上换挡杆的拆卸。拆下换挡手柄，取下防尘罩。取下仪表板。拆下固定在上换挡杆的弹簧锁圈（注意锁圈一经拆卸，就要更换），取下挡圈和弹簧。拆下换挡杆支架。拆下变速控制器罩壳，使上、下换挡杆脱离。

② 上换挡杆的安装。上换挡杆的安装按照与拆卸相反的顺序进行，但要注意以下事项：检查所有零件的完好情况，更换已经损坏的零件；润滑衬套和挡圈；调整上换挡杆；用快干胶固定换挡手柄。

③ 换挡杆支架的拆卸。取下换挡手柄和防尘罩。拆下锁圈、挡圈和弹簧（锁圈一经拆卸，就要更换）。拆下换挡杆支架的固定螺栓，取下换挡杆支架。换挡杆支架只有加润滑油时才分解，一旦发现任何零件损坏，就要全部更换。

④ 换挡杆支架的安装。用润滑脂润滑换挡杆支架内部件，装上换挡杆支架，螺栓不用旋紧，将换挡杆支架上的孔与变速操纵机构罩壳上的孔对准，用 10N·m 的力矩旋紧螺栓。装上弹簧挡圈和新的锁圈。检查各挡的啮合情况。装上防尘罩和手柄。

 任务实施

1. 主要内容及目的

（1）掌握手动变速器的拆装工艺。

（2）掌握手动变速器的检修工艺。

2. 技术标准及要求

（1）按正确的操作步骤进行拆装与检查。
（2）有关技术参数必须符合维修技术标准要求。
（3）操作规范，安全文明作业。

3. 实训设备与器材

三轴手动变速器 1 台，塞尺 1 把，磁力表座、百分表 1 套，平板 1 块，V 形铁 2 块，内、外卡簧钳各 1 把，维修工具 1 套。

4. 操作步骤及工作要点

1）变速器的组成

以三轴变速器为例，变速器的组成如图 1-63 所示。

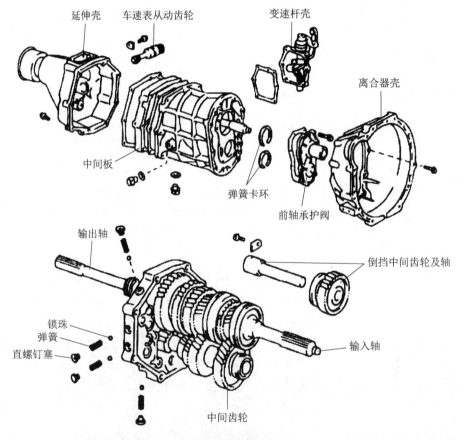

图 1-63　变速器的组成

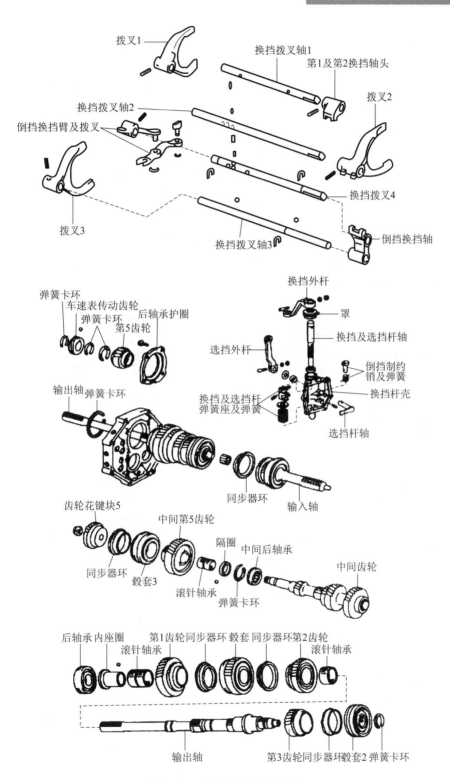

图 1-63 变速器的组成（续）

2）变速器的拆卸

（1）拆下倒挡灯开关及车速表从动齿轮，由变速器箱拆下离合器壳，拆下换挡杆壳总成，拆下延伸壳。

（2）如图1-64所示，拆下前轴承护圈及2个轴承的弹簧卡环，用胶锤将变速器箱从中间板拆下。

（3）如图1-65所示，使用2个离合器壳螺栓，选择合适的垫圈及螺母，在中间板相邻2个螺栓孔上拧紧，然后将中间板安装于台虎钳上。

（4）如图1-66所示，拆下自锁及互锁装置的螺钉、弹簧及锁珠，用销冲及锤取出拨叉上的销，从中间板上逐条拉出换挡拨叉轴。

注意：用手接住从互锁销孔掉下的互锁销，取出拨叉。

（5）如图1-67所示，拆下倒挡中间齿轮及轴，拆下倒挡换挡臂。

（6）如图1-68所示，用塞尺测量中间轴第5齿轮的轴向间隙（0.10～0.30mm）。

（7）如图1-69所示，拆下后轴承盖及轴承卡环。

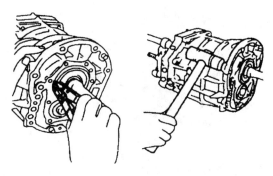
图1-64　从中间板拆下变速箱

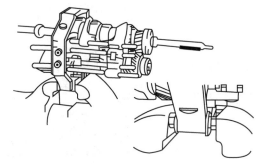
图1-65　将变速箱中间板安装于台虎钳上

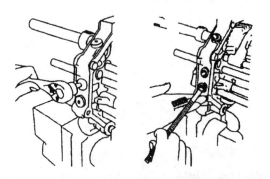
图1-66　自锁互锁装置及拨叉轴的拆卸

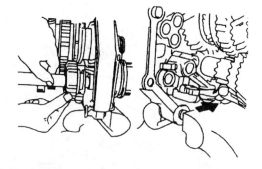
图1-67　倒挡中间齿轮及轴的拆卸

（8）用木板垫在输出轴的端部，用铁锤往前将输出轴、中间轴及输入轴一起敲出。

（9）拆下第3、4挡同步器毂前面的卡环，用维修工具拉出同步器毂，然后将齿轮逐个取出。

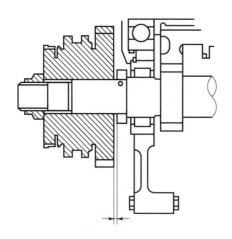

图 1-68 中间轴第 5 齿轮轴向间隙的测量

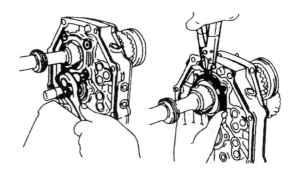

图 1-69 后轴承盖及轴承卡环的拆卸

3）变速器各零件的检修

（1）检测锁环式同步器。

① 锁环内锥面的磨损情况检查。如图 1-70 所示，将锁环套在接合齿的齿端锥面上，转动两步环，通过将其压入来检查制动效果。同时用塞尺测量同步环背与齿轮花键端之间的间隙，约为 1mm，否则应更换。

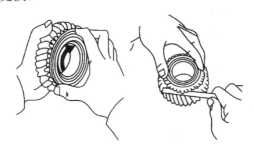

图 1-70 锁环内锥面磨损情况的检查

② 齿环牙齿的检查。齿环牙齿的损坏主要有两种情况：一是沿轴线方向磨薄；二是牙齿尖端角度发生改变或磨成凸形（两侧倒角均为 45°）。如果发生第 2 种情况，则需更换。

③ 用塞尺测量换挡拨叉与接合套的轴向间隙（应沿接合套的整个圆周测量），最大间隙为 1mm。

（2）检测输入、输出轴的弯曲度。如图 1-71 所示，将轴支于 V 形铁上，并置于平板上，用百分表测量轴中间部分的圆跳动，最大不超过 0.06 mm。

（3）检测齿轮和轴间间隙。如图 1-72 所示，将齿轮装配在对应的轴上，将轴固定于台虎钳上，磁力表座固定于台虎钳上，百分表表针抵在齿轮上，用手上下推动齿轮，记录百分表读数，应小于 0.03mm。

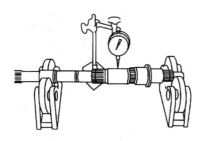
图 1-71 输入、输出轴弯曲度的检测

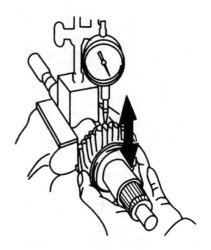
图 1-72 齿轮和轴间间隙的检测

（4）检查所有油封是否磨损或损坏，包括前轴承盖、车速表从动齿轮、选挡外杆、延伸壳上的油封等。如有磨损或损坏，必要时应更换。

（5）检查各轴承是否磨损，如有磨损或损坏，必要时应更换。

4）变速器的装配

（1）装配好输出轴上的后轴承、各挡齿轮、同步器及 3、4 挡同步器前端的卡环，将输出轴安装于固定在台虎钳的中间板上。

（2）将输入轴安装于输出轴上，然后将中间轴齿轮安装于中间板上。

（3）安装输出轴、中间轴后轴承的卡环及轴承盖。

（4）安装好倒挡换挡臂支架，然后安装好倒挡中间齿轮及轴，如图 1-73 所示。

（5）依次安装好三根拨叉轴、互锁销及自锁装置，如图 1-74 所示，拧紧力矩为 19N·m。

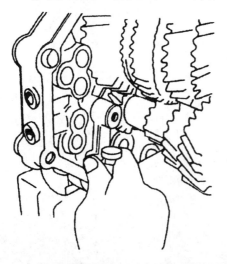
图 1-73 倒挡换挡臂支架、中间齿轮及轴的安装

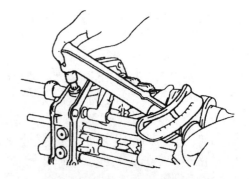
图 1-74 拨叉轴、互锁销及自锁装置的安装

（6）从台虎钳卸下中间板，安装好变速器箱，注意更换新的衬垫，安装好前轴承的卡环及前轴承盖，如图 1-75 所示，拧紧力矩为 17 N·m。

（7）安装延伸壳（应更换新的衬垫），拧紧力矩为 38 N·m。

（8）安装好换挡杆组件，如图 1-76 所示。

（9）安装好换挡杆壳总成（应更换新的衬垫），拧紧力矩为 17 N·m。

（10）用手转动输入轴，检查输入轴与输出轴的旋转是否顺利，检查是否能顺利地换入各挡位。

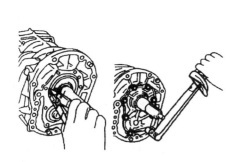
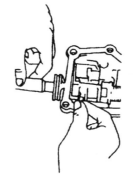
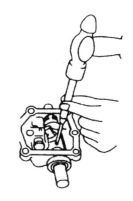

图 1-75　前轴承卡环及前轴承盖的安装　　　　图 1-76　换挡杆组件的安装

（11）安装好离合器壳，拧紧力矩为 38 N·m；安装好倒挡灯开关，拧紧力矩为 38 N·m；安装好车速表传动齿轮。

> **知识拓展**

序列式变速箱

1. 简介

序列式变速箱（Sequential Manual Gearbox SMG）全称序列式手动变速箱，也称直齿变速箱，如图 1-77 所示。它区别于 H-Gearbox 的只是操作方法，加挡和减挡只需要前后推拉排挡杆就可以完成，但不是自动换挡。

普通变速箱的斜齿配锥形同步器的设计虽然便于操作，噪声小，但是动力流失过多，只适用于民用车型。因此赛车变速箱大都采用了直齿无同步器设计来减少传动系统上的动力流失，增加轮上马力。但是，直齿变速箱的缺点在于，对车手的驾驶技术要求高，HEEL-TOE 时的补油必须精确到刚好适合下一挡的转速，同时 H 挡在操作时又很容易产生"错挡"，而以上两个失误出现任何一个，都有可能损坏整个变速箱。

图 1-77　序列式变速箱

2. 原理

序列式变速箱的变速原理和直齿变速箱一样，最大区别是序列式变速箱在换挡时只需简单地推上或拉下排挡杆。这样的设计不但加快了换挡速度，更大大降低了换错挡的可能（在比赛中换错挡的后果往往是发动机因转速过高而爆缸），因此直齿变速箱和序列式变速箱对分秒必争的专业比赛是有一定帮助的。

3. 相关资料

序列式变速箱的操作方法如下：

（1）离合器只在起步和停车时候使用。

（2）起步前，踩下离合器踏板，拉一下排挡杆进1挡，轻踩加速踏板慢抬离合器踏板，车子起步。

（3）起步之后，如需加挡，快速轻抬加速踏板，同时拉一下排挡杆，进2挡，继续轻踩加速踏板加速。利用相同方法进3挡，4挡，5挡。

（4）当车驶至弯前刹车点时，不需要左脚去操作离合器踏板，因此可以用左脚制动（右脚从加速踏板抬开，再踩到制动踏板的过程中会有半秒左右的时间是加速与制动两个踏板全不踩的，这样的空闲时间叫惰性时间。较长的惰性时间对车手成绩会有影响，而左脚刹车可以避免惰性时间），同时右脚松开加速踏板。当车减速到想要的速度以后，开始做降挡补油的动作——推一下排挡降至4挡，在推的过程中，用右脚轻踩一下加速踏板，深度是油门行程的20%，这个动作叫 Throttle Blip，同时保持制动，继续推一下已经自动回位的排挡杆到3挡同时 BLIP。然后利用相同方法到2挡，这时车已经行至进弯点，松制动踏板同时打方向进弯。

综上所述，我们可以清楚地看到，Sequential Manual Gearbox 不是不需要离合器，而是进退挡时不用离合器而用序列式变速箱。

当然，以上所说的是传统式机械式序列变速箱，而电子序列变速箱就设计得更精密，其中，有一种是在变速箱上装有传感器，加挡时候由传感器提供给计算机，计算机以瞬间切断点火电路的方式完成轻踩加速踏板的动作（Power Cut）。这套系统各种赛车上广泛应用。

而针对类似 WRC 赛车来说，它们所用的 Sequential Manual Gearbox 除可以自动完成 Power Cut 之外，还可以由计算机瞬间加大喷油量完成 Throttle Blip 的动作。而所说的"加速和离合器其实是连在一起的，松掉加速踏板离合器踏板就下去"是不成立的。想想看，驾校不允许我们开车时候踩着离合器踏板滑行车辆，为的就是充分地利用发动机的"牵制力"帮助车辆减速，减少刹车系统负担，缩短制动距离。而针对更加要求充分利用 Enging Brake Power 的赛车来说，这种设计是绝对不可能的。何况拉力赛中，车手需要利用收放加速踏板的动作，借助发动机牵引力造成车身的重量转移，以调整车身动态平衡。如果松开加速踏板相当于踩下离合器踏板的话，驾驶技术将无法使用且离合器也绝对应付不了整个赛段的比赛，会因频繁地同步压盘和从动盘的转速而造成压盘和从动盘之间产生摩擦，轻则在赛段结束前，离合器开始打滑，损失动力，让赛车只"喊"不"走"，重则烧毁离合器，迫使车手退赛。

赛车为了追求低动力损失，连传动齿轮都换成了直齿，更不可能使用损失动力超过斜齿传动齿轮的液力变矩器来取代传统的压盘式离合器。相反，会更换多片式的离合器以负担更大的功率和扭力输出。

但是，有一点是可以肯定的。在多数专业程度比较高的赛车游戏里，如 Richard Burns Rally 中，确实可以将离合器设置成抬起加速踏板的同时自动踩下的离合器。

故障案例

1. 变速器异响

变速器的异响是指变速器工作时发出的不正常声响,如金属的干摩擦声、不均匀的碰撞声等。桑塔纳 2000 型轿车变速器的异常响声,大致发生的情况有两种:空挡时发响和挂挡后发响。

1)空挡时发响

(1)现象:发动机怠速运转,变速器处于空挡位置时有异响,踏下离合器踏板时响声消失。

(2)原因:

① 变速器与发动机安装时曲轴与变速器第一轴中心线不同心。

② 第二轴前轴承磨损、污垢、起毛。

③ 常啮合齿轮磨损发出均匀的噪声,个别齿碎裂,则发出有规律的间隙撞击声。

④ 常啮合齿轮修理时未成对更换,啮合不良。

⑤ 第一轴轴承损坏。

⑥ 旧齿轮换用了新轴承,在此之前已造成齿面不均匀磨损,换用新轴承后,齿面啮合位置改变。

2)挂挡后发响

(1)现象:变速器挂入挡位后发响,是由相互啮合的齿轮在运转时有撞击和变速器空腔的共鸣作用引起的。当汽车以 40km/h 以上车速行驶时,发出一种不正常的响声,且车速愈高,响声愈大,而当滑行或低速时响声减小或消失。

(2)原因:

① 齿轮更换不当,轴或轴承更换后破坏了齿轮正常的啮合。

② 差速齿轮或半轴齿轮键槽磨损松旷。

③ 主、从动锥齿轮配合间隙过大。

④ 从动锥齿轮螺栓松动。

(3)判断:变速器产生响声的过程,是由齿轮和轴的振动与其他声源开始,然后扩散到变速器壳壁产生共振而发响。轴承磨损松旷声,可以用下列方法判明部位。

① 主动锥齿轮轴(变速器输出轴)后轴承响:在发动机起动后尚未挂挡就可听到。

② 主动锥齿轮轴(变速器输出轴)前轴承响:必在汽车运行中和变化车速时才响。

③ 轴承磨损松旷后引起齿轮的发响:将随车速改变而显著改变。

④将前驱动车轮架起,起动发动机并挂上空挡,然后急剧改变车速,察听变速器响声来源,以判断故障所在部位。

2. 变速器发热

1）现象

汽车行驶一段路程后，用手触摸变速器时，有非常烫手感觉。若有可能用点温计测定，正常温度为 82～93℃。

2）原因

（1）轴承装配过紧。

（2）齿轮啮合间隙过小。

（3）缺少齿轮油或齿轮油黏度太小。

3）判断

应结合发热部位，逐项检查予以排除。

3. 变速器跳挡

1）现象

汽车在行驶中，变速杆自动跳回空挡，滑动齿轮脱离啮合位置（一般多在中、高负荷突然变化或汽车剧烈振动时发生）。

2）原因

（1）变速叉轴凹槽及定位球磨损松旷，以及定位弹簧过软或折断，致使定位装置失效。

（2）齿轮或齿套磨损过多，沿齿长方向磨成锥形。

（3）变速轴、轴承严重磨损松旷或轴向间隙过大，使轴转动时发生跳动和窜动。

（4）定位销磨损松旷及定位弹簧过软或折断，致使定位装置失效。

3）判断

（1）发现某挡跳动时，仍将变速杆推入该挡，然后拆下变速器盖观察齿轮啮合情况，如齿轮啮合良好，则检查换挡机构。

（2）用手推动跳挡的换挡杆拨动端试验定位装置：如定位不良，需拆下换挡杆拨动端检查定位球及弹簧，如弹簧过软、折断则进行更换。

（3）如齿轮未完全啮合，用手推动跳动的齿轮即齿轮正确啮合，则检查换挡杆拨动端是否弯曲。如是弯曲则应校正。

（4）如换挡机构良好，但齿轮或齿套不能完全啮合时，则应检查齿轮是否磨成锥形，轴承是否松旷，必要时可拆下修理或更换。

4. 变速器乱挡

1）现象

汽车起步挂挡或行驶中换挡，所挂挡与需要挡位不符，或虽然挂入所需挡位但不能退回空挡，或一次挂入两个挡位。

2）原因

（1）换挡杆与换挡杆拨动端松旷、损坏或换挡杆拨动端内孔磨损过大。

（2）变速控制器弹簧压缩量达不到规定的要求。

（3）换挡滑杆互锁销与小互锁销磨损过大，失去互锁作用。

3）判断

（1）变速换挡杆如能任意摆动，且能打圈，则为夹箍销钉折断或失落所致。

（2）挂挡时，变速换挡杆稍偏离一点位置，就会挂上不需要的挡位，这是换挡杆拨动端工作面磨损过大所致。

（3）如同时能挂上两个挡位，这是互锁机构失效所致。

任务三　万向传动装置故障检修

情境描述

李先生有一辆北京现代悦动轿车，在每次轻踩加速踏板时会产生金属敲击声。经维修接待初步检验为万向传动装置故障，我们作为维修技工，需要根据维修手册，参考相关资料排除故障，恢复万向传动装置功能，并提出合理化使用建议，最终在检验合格后交付前台。

相关知识

一、万向传动装置的功用和组成

1. 功用

万向传动装置在汽车上有很多应用，结构也稍有不同，但其功用都是一样的，即在轴线相交且相互位置经常发生变化的两转轴之间传递动力。

图1-78所示为位于变速器与驱动桥之间的万向传动装置。由于汽车布置、设计等原因，变速器输出轴和驱动桥输入轴不可能在同一轴线上，并且变速器虽然安装在车架（车身）上，可以认为位置是不动的，但驱动桥会因悬架的变形而引起位置的变化，所以在变速器和驱动桥之间装有万向传动装置正好可以满足这些使用、设计的要求。

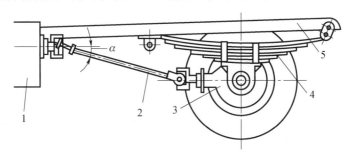

图1-78　变速器与驱动桥之间的万向传动装置

1—变速器；2—万向传动装置；3—驱动桥；4—后悬架；5—车架

2. 组成

万向传动装置主要包括万向节和传动轴，对于传动距离较远的分段式传动轴，为了提高传动轴的刚度，还设置有中间支承，如图 1-79 所示。

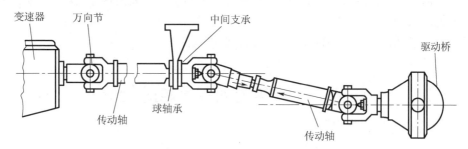

图 1-79 万向传动装置的组成

二、万向传动装置的应用

万向传动装置在汽车上的应用主要有以下几个方面。

（1）变速器与驱动桥之间（4×2 汽车），如图 1-80 所示。一般汽车的变速器、离合器与发动机三者装合为一体装在车架上，驱动桥通过悬架与车架相连。在负荷变化及汽车在不平路面行驶时引起的跳动，都会使驱动桥输入轴与变速器输出轴之间的夹角和距离发生变化。

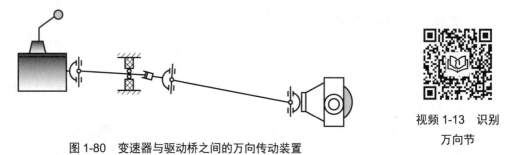

图 1-80 变速器与驱动桥之间的万向传动装置

视频 1-13 识别万向节

（2）变速器与分动器、分动器与驱动桥之间（越野汽车），如图 1-81 所示。为消除车架变形及制造、装配误差等引起的其轴线同轴度误差对动力传递的影响，须装有万向传动装置。

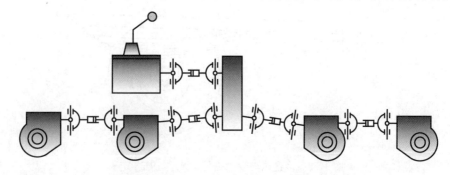

图 1-81 变速器与分动器、分动器与驱动桥之间的万向传动装置

(3) 转向驱动桥的内、外半轴之间,如图 1-82 所示。转向时两段半轴轴线相交且交角变化,因此要用万向传动装置。

(4) 断开式驱动桥的半轴之间,如图 1-83 所示。主减速器壳在车架上是固定的,桥壳上下摆动,半轴是分段的,须用万向传动装置。

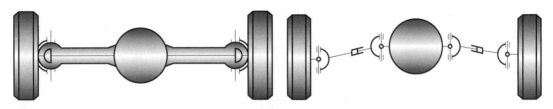

图 1-82 转向驱动桥内、外半轴之间的万向传动装置　　图 1-83 断开式驱动桥半轴之间的万向传动装置

(5) 转向机构的转向轴和转向器之间,如图 1-84 所示。这样的设计有利于转向机构的总体布置。

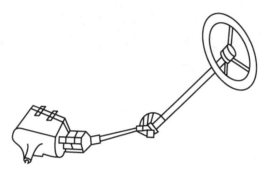

图 1-84 转向机构的转向轴和转向器之间的万向传动装置

三、万向节的结构与工作原理

在汽车上使用的万向节可以从不同的角度分类。按其刚度大小,万向节可分为刚性万向节和柔性万向节。刚性万向节按其速度特性分为不等速万向节(常用的为十字轴式)、准等速万向节(双联式和三销轴式)和等速万向节(包括球叉式和球笼式)。目前在汽车上应用较多的是十字轴式刚性万向节和等速万向节。十字轴式刚性万向节主要用于发动机前置后轮驱动的变速器与驱动桥之间,等速万向节主要用于发动机前置前轮驱动的内、外半轴之间。

1. 十字轴式刚性万向节

十字轴式刚性万向节的组成如图 1-85 所示,它允许相邻两轴的最大交角值在 15°～20°之间。

1) 构造

十字轴式刚性万向节主要由十字轴、万向节叉等组成。万向节叉上的孔分别套在十字轴的四个轴颈上。在十字轴轴颈与万向节叉孔之间装有滚针和套筒,用带有锁片的螺钉和轴承盖来轴向定位。为了润滑轴承,十字轴内钻有油道,且与油嘴、安全阀相通,如图 1-86 所示。为避免润滑油流出及尘垢进入轴承,十字轴轴颈的内端套装着油封。安全阀的作用是当十字轴内腔润滑脂压力超过允许值时,安全阀打开润滑脂外溢,使油封不会因油压过高而损坏。现代汽车多采用橡胶油封,多余的润滑油从油封内圆表面与十字轴轴颈接触处溢出,故无须安装安全阀。

万向节轴承的常见定位方式,除了用盖板定位外,还有用内、外弹性卡环进行定位。

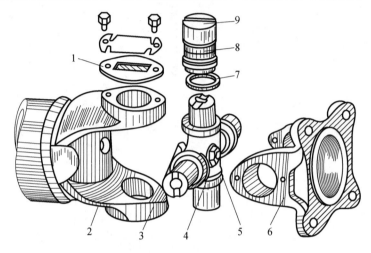

图 1-85 十字轴式刚性万向节的组成

1—轴承盖;2、6—万向节叉;3—油嘴;4—十字轴;5—安全阀;7—油封;8—滚针;9—套筒

2)速度特性

单个十字轴式刚性万向节在主动轴和从动轴之间有夹角的情况下,当主动叉等角速转动时,从动叉是不等角速的,这称为十字轴式刚性万向节的不等速特性。且两转轴之间的夹角 α 越大,不等速性就越大,如图 1-87 所示。

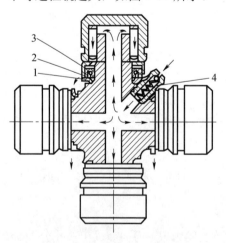

图 1-86 润滑油道及密封装置

1—油封挡盘;2—油封;3—油封座;4—油嘴

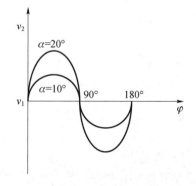

图 1-87 十字轴式刚性万向节的不等速特性

> **特别提示**
>
> 十字轴式刚性万向节的不等速特性,使从动轴及其相连的传动部件产生扭转振动,从而产生附加的交变载荷,影响部件寿命。

为避免单个十字轴式刚性万向节的弊端可以采用图 1-88 所示的双十字轴刚性万向节的传动方式,第一万向节的不等速特性可以被第二万向节的不等速特性抵消,从而实现两轴间的等角速传动。具体条件:①第一万向节两轴间夹角 α_1 与第二万向节两轴间夹角 α_2 相等;②第一万向节的从动叉与第二万向节的主动叉处于同一平面。

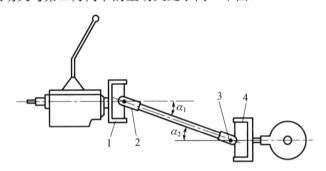

图 1-88 双十字轴刚性万向节等速传动布置图

1、3—主动叉;2、4—从动叉

由于悬架的振动,不可能在任何时候都保证 $\alpha_1=\alpha_2$,所以这种双十字轴刚性万向节的传动只能近似地解决等速传动问题,且两轴夹角最大只能是 20°,因此在使用上会受到限制。

3) 等速万向节

等速万向节的基本原理是传力点永远位于两轴交点的平分面上。图 1-89 所示为等速万向节的工作原理图。一对大小相同锥齿轮的接触点 P 位于两齿轮轴线交角的平分面上,由 P 点到两轴的垂直距离都等于 r。P 点处两齿轮的圆周速度相等,两齿轮的角速度也相等。可见,若万向节的传力点始终位于两轴夹角的平分面上,就能保证等速传动。

动画 1-8 等速万向节原理

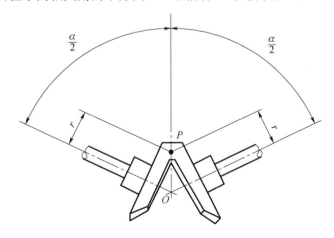

图 1-89 等速万向节的工作原理

等速万向节的常见结构形式有球笼式和球叉式。

（1）球笼式等速万向节。如图 1-90 所示，球笼式万向节由六个钢球、星形套、球形壳和保持架等组成。万向节星形套与主动轴用花键固接在一起，星形套外表面有六条弧形凹槽滚道，球形壳的内表面有相应的六条凹槽，六个钢球分别装在各条凹槽内，由球笼使其保持在同一平面内。动力由主动轴、钢球、球形壳输出。

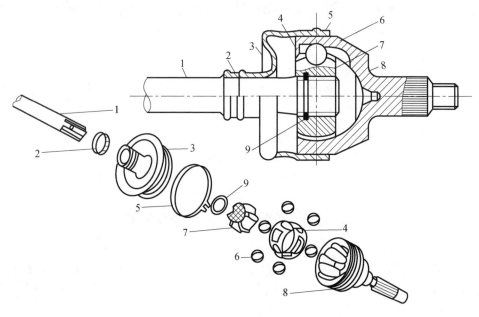

图 1-90　球笼式万向节

1—主动轴；2、5—钢带箍；3—外罩；4—保持架（球笼）；6—钢球；
7—星形套（内滚道）；8—球形壳（外滚道）；9—卡环

特别提示

球笼式万向节工作时六个钢球都参与传力，故承载能力强、磨损小、寿命长。它被广泛应用于各种型号的转向驱动桥和独立悬架的驱动桥。

（2）球叉式万向节。球叉式万向节如图 1-91 所示，它由主动叉、从动叉、四个传动钢球、中心钢球、定位销、锁止销组成。主动叉与从动叉分别与内、外半轴制成一体。在主、从动叉上，分别有四个曲面凹槽，装配后，则形成两个相交的环形槽，作为钢球滚道。四个传动钢球放在槽中，中心钢球放在两叉中心的凹槽内，以定中心。

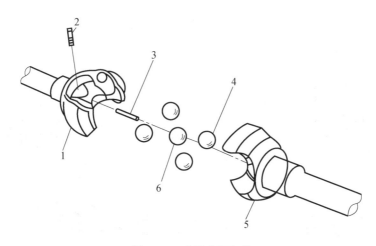

图 1-91 球叉式万向节

1—从动叉；2—锁止销；3—定位销；4—传动钢球；5—主动叉；6—中心钢球

> **特别提示**
>
> 球叉式万向节在工作的时候，只有两个钢球传力，磨损快，影响使用寿命，现在应用得越来越少。

四、万向节的传动轴和中间支承

1. 传动轴

1）功用

传动轴是万向传动装置中的主要传力部件。通常用来连接变速器（或分动器）和驱动桥，在转向驱动桥和断开式驱动桥中，则用来连接差速器和驱动车轮。

视频 1-14　识别传动轴

2）构造　传动轴有实心轴和空心轴之分。为了减轻传动轴的质量，节省材料，提高轴的强度、刚度，传动轴多为空心轴，一般用厚度为 1.5～3.0mm 的薄钢板卷焊而成，超重型货车则直接采用无缝钢管。

> **特别提示**
>
> 转向驱动桥、断开式驱动桥或微型汽车的传动轴通常制成实心轴。

如图 1-92 所示为解放 CA1092 汽车的万向传动装置，因传动轴过长时，自振频率降低，易产生共振，故将其分成两段并加中间支承，中间传动轴前端焊有万向节叉，后端焊有花键轴，其上套装带内花键的凸缘盘；主传动轴前端焊有花键轴，其上套装滑动叉并在花键轴上可轴向滑动，适应变速器与驱动桥相对位置的变化，滑动部位用润滑脂润滑，并用油封（即橡胶伸缩套）防漏、防水、防尘，滑动叉前端装有带小孔的堵盖，保证花键部位伸缩自由。

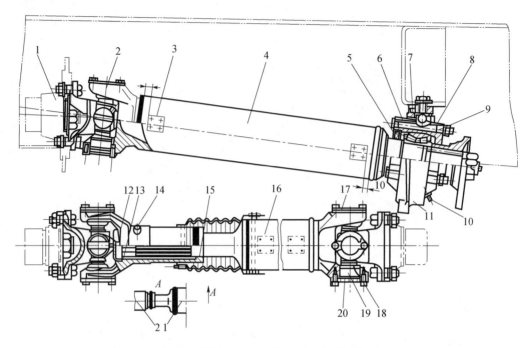

图 1-92　解放 CA1092 汽车的万向传动装置

1—凸缘叉；2—万向节十字轴；3—平衡片；4—中间传动轴；5、15—中间支承油封；6—中间支承前盖；7—橡胶垫片；
8—中间支承后盖；9—双列圆锥滚子轴承；10、14—油嘴；11—支架；12—堵盖；13—滑动叉；16—主传动轴；
17—锁片；18—滚针轴承油封；19—万向节滚针轴承；20—滚针轴承轴承盖；21—装配位置标记

传动轴两端的连接件装好后，应进行动平衡试验。在质量轻的一侧补焊平衡片，使其不平衡量不超过规定值。为防止装错位置和破坏平衡，滑动叉、轴管上都应刻有带箭头的记号。为保持平衡，油封 15 上两个带箍的开口销应装在间隔 180°位置上，万向节的螺钉、垫片等零件不应随意改换规格。为加注润滑脂方便，万向传动装置的油嘴应在一条直线上，且万向节上的油嘴应朝向传动轴。

2．中间支承

1）功用

传动轴分段时需加中间支承，中间支承通常装在车架横梁上，能补偿传动轴轴向和角度方向的安装误差，以及汽车行驶过程中因发动机窜动或车架变形等引起的位移。

2）结构

中间支承常用弹性元件来满足上述功用，图 1-93 所示为东风 EQ1090 汽车的中间支承，它由支架和轴承等组成，双列锥轴承固定在中间传动轴后部的轴颈上。带油封的支承盖之间装有弹性元件橡胶垫环，用三个螺栓紧固。紧固时，橡胶垫环会径向扩张，其外圆被挤紧于支架的内孔。该中间支承的。轴承可在轴承座内轴向滑动，轴承座装在蜂窝形橡胶垫内，通过 U 形支架固定在车架横梁上。

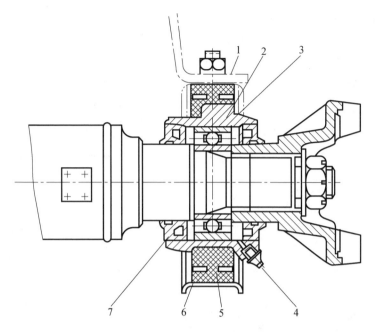

图 1-93　东风 EQ1090 汽车的中间支承

1—车架横梁；2—轴承座；3—轴承；4—油嘴；5—蜂窝形橡胶；6—U 形支架；7—油封

任务实施

1. 主要内容及目标

（1）了解万向传动装置的组成及其主要零件的装配关系。

（2）掌握传动轴及主要部件的拆装要领。

（3）掌握万向传动装置主要零件的检测项目与方法。

2. 技术标准及要求

（1）按正确的操作步骤进行拆装与检查。

（2）有关技术参数必须符合维修技术标准要求。

（3）操作规范，安全文明作业。

（4）注意传动轴和伸缩套叉上的平衡记号。

（5）装配传动轴时要注意传动轴两端万向节叉应位于同一平面。

3. 实训设备与器材

桑塔纳及东风 EQ1090E 型汽车传动轴总成各一套，常用工具、量具各一套，桑塔纳专用拆装工具、台虎钳、传动轴托架等。

4. 操作步骤及工作要点

桑塔纳轿车前驱动传动轴的拆装与检测

1）传动轴（半轴）总成的拆装

（1）传动轴（半轴）总成的拆卸。

① 在车轮着地时，旋下轮毂的紧固螺母。

② 旋下传动轴凸缘上的紧固螺栓，如图 1-94 所示，将传动轴与凸缘分开。

③ 从车轮轴承壳内拉出传动轴，或利用专用压力装置拉出传动轴。

注意：拆卸传动轴时轮毂绝对不能加热，否则会损坏车轮轴承，原则上应使用拉具。拆掉传动轴后，应装上一根连接轴来代替传动轴，防止移动卸掉传动轴的车辆时，损坏前轮轴承总成。

（2）传动轴（半轴）总成的安装。

① 安装传动轴时，应擦净传动轴与轮毂花键齿面上的油污，去除防护剂的残留物。

② 在等速万向传动装置的花键涂上一圈 5mm 的防护剂（D6），然后装上传动轴花键套，如图 1-95 所示。涂防护剂（D6）后的传动轴装车后应停车 60min 之后才可使用汽车。

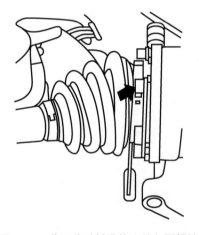

图 1-94　旋下传动轴凸缘上的紧固螺栓　　图 1-95　等速万向节花键轴安装前涂防护剂（D6）

③ 将球销插头重新装配在原位置，并拧紧螺母。在安装球销插头时，不能损坏波纹管护套。

④ 车轮着地后，拧紧轮毂固定螺母。必要时检查前轮外倾角。

2）万向节的拆装与检查。

（1）万向节的拆卸。

① 用钢锯将等速万向联轴器金属环锯开，拆卸防尘罩。

② 用一把轻金属锤子用力从传动轴上敲下万向节外圈。

③ 拆卸弹簧锁环，如图 1-96 所示。压出万向节内圈，如图 1-97 所示。

④ 拆卸外等速万向节。拆卸之前用电蚀笔或油石在钢球球笼和外星轮上标出内星轮的位置。旋转内星轮与球笼，依次取出钢球，如图 1-98 所示。用力转动钢球球笼直至两个方孔（如图 1-99 箭头所示）与外星轮对齐时，连外星轮一起拆下球笼。把内星轮上扇形齿旋入球笼的方孔，然后从球笼中取下内星轮。

项目一　汽车底盘传动系统检修

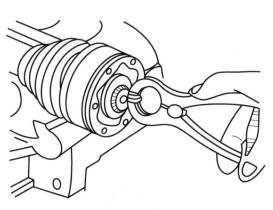

图 1-96　拆卸弹簧销环

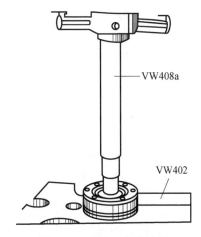

图 1-97　压出万向节内圈

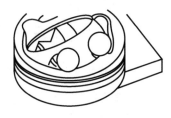

图 1-98　取出钢球

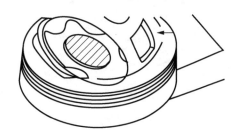

图 1-99　球笼的拆卸

⑤ 拆卸内等速万向节。转动内星轮与球笼，按图 1-100 箭头所示方向压出球笼里的钢球。内星轮与外星轮一起选配，不能互换。从球槽上面（如图 1-101 箭头所示）取出球笼里的内星轮。

（2）万向节的检查。

① 检查外星轮、内星轮、球笼及钢球有无凹陷与磨损。

② 各球节处的六颗钢球要求一定的配合公差，并与内星轮一起成为一组配合件。

③ 如果万向节间隙明显过大，则万向节必须更换。如果万向节呈光滑无损，或者能看到钢球在运转，则不必更换万向节。

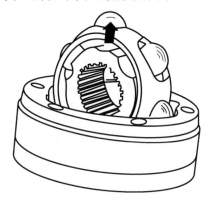

图 1-100　取出钢球

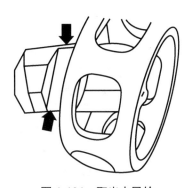

图 1-101　取出内星轮

(3) 万向节的组装。

① 组装内万向节。

a. 对准凹槽将内星轮嵌入球笼，内星轮在球笼内的位置无关紧要。

b. 将钢球压入球笼，并注入润滑脂，如图 1-102 所示。

c. 将带钢球与球笼的外星轮垂直装入壳体，如图 1-103 所示。安装时应注意旋转之后，外星轮上的宽间隔 a 应对准内星轮上的窄间隔 b，转动球笼，嵌入到位。内星轮内径（花键齿）上的倒角必须对准外星轮的大直径端。

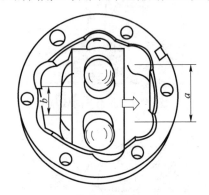

图 1-102 将钢球压入球笼体

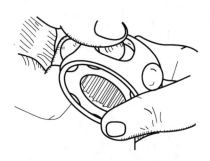

图 1-103 将外星轮垂直装入壳

d. 扭转内星轮，这样内星轮就能转出球笼，如图 1-104 箭头所示，使钢球在与壳体中的球槽相配合时有足够的间隙。

e. 用力撤压球笼，如图 1-105 箭头所示，使装有钢球的内星轮完全转入外星轮内。

f. 用手将内星轮在轴向范围内来回推动，检查是否灵活。

② 组装外万向节。

a. 用汽油清洗各部件。将 G-6 润滑脂总量的一半（45g）注入万向节内。

b. 将球箱连同内星轮一起装入外星轮。

c. 对角交替地压入钢球，必须保持内星轮在球笼以及外星轮内的原先位置。

d. 将弹簧锁环装入内星轮，将剩余的润滑脂压入万向节。

e. 用手将内星轮在轴向范围内来回推动，检查安装是否正确。

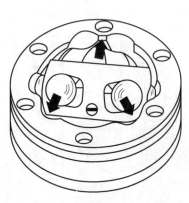

图 1-104 将内星轮转出球笼

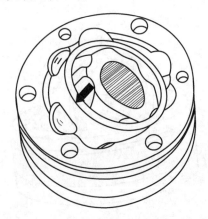

图 1-105 使内星轮完全转入外星轮内

③ 万向节与传动轴的组装。

a．在传动轴上安装防护罩。正确安装碟形座圈，如图1-106所示。

b．把万向节压入传动轴，如图1-107所示。使碟形座圈贴合，内星轮内径（花键齿）上的倒角必须面向传动轴靠肩。

c．安装弹簧锁环，装上外万向节。

d．在万向节上安装防尘罩时，防尘罩因经常受到挤压，而在其内部产生一定的真空，在车辆行驶中会产生一个内吸的折痕，如图1-108箭头所示。因此在安装防尘罩小口径之后，要稍微充点气，使得压力平衡，不产生褶皱。

e．用夹箍夹住防尘罩，如图1-109所示。

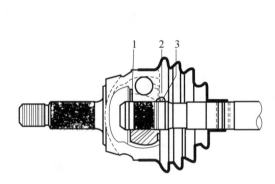

图1-106　碟形座圈的安装位置

1—弹簧销环；2—间隔圈；3—碟形座圈

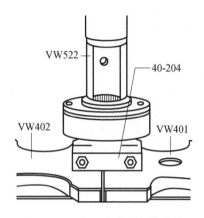

图1-107　把万向节压入传动轴

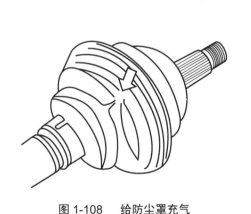

图1-108　给防尘罩充气

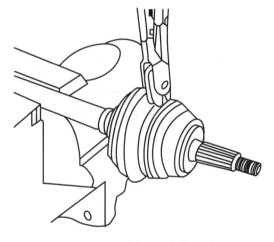

图1-109　用夹箍夹住防尘罩

EQ1090E汽车传动轴的拆装与检测

1）传动轴的拆卸

（1）从汽车上拆卸传动轴。拆卸传动轴应从后节传动轴的后端开始，顺次向前拆。

如图 1-110 所示。

（2）总成拆卸前的检查。应检查总成上装配标记是否齐全、清晰，如果标记不齐全或不清晰，应在拆卸前做出清晰的记号。

（3）滑动花键副的拆卸。拧开套管叉油封盖（图 1-111），把花键轴从套管叉里抽出，取下油封、油封垫片和油封盖。

（4）万向节的拆卸。

① 用卡簧钳把每个耳孔内弹性挡圈取出。

② 把传动轴的一端抬起，拿锤子轻敲耳根部，将滚针轴承座振出，如图 1-112（a）所示。

③ 传动轴转过 180°，用同样方法将凸缘叉上的另一组滚针轴承座振出，并取下凸缘叉，如图 1-112（b）所示。

④ 取下十字轴。（注意：把十字轴转到滑脂嘴在开挡大的位置，防止滑脂嘴撞坏。）

（5）中间支承的拆卸。

① 拔出开口销，拧下槽形螺母，取出垫圈。

② 用锤子轻轻敲击凸缘背面边缘，松动后把凸缘从中间花键轴上拔出来。

③ 将整个中间支承从中间花键轴上打出来。

④ 将橡胶垫环从轴承座上压出。

⑤ 取出前、后油封及轴承。

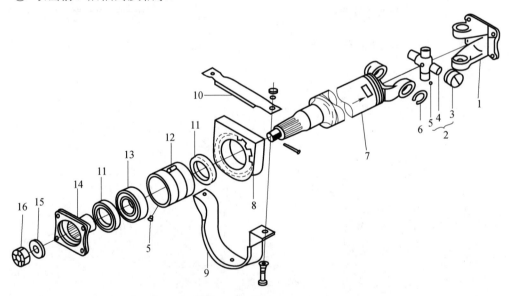

图 1-110　中间传动轴及支承总成

1—万向节叉；2—十字轴总成；3—套筒；4—十字轴；5—注油嘴；6—卡环；7—传动轴；8—支承总成；9—垫环；
10—支承片；11—密封圈；12—支撑环；13—轴承；14—凸缘；15—垫片；16—锁紧螺母

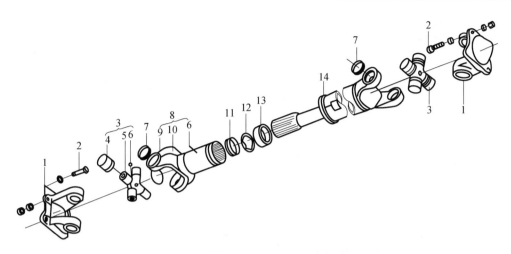

图 1-111　传动轴及套管叉总成（后节）

1—万向节叉；2—固定螺钉；3—十字轴总成；4—套筒；5—十字轴；6—注油嘴；7—卡环；8—万向节叉总成；9—十字轴安装孔；10—万向节叉；11—油封；12—固定环；13—防尘套；14—传动轴

(a)

(b)

图 1-112　万向节的拆卸

2）万向节传动装置的装复

（1）滑动花键副的装复。

① 将油封盖、油封垫片、油封套在花键轴上。

② 对准套管叉上和传动轴轴管上的装配标记，把套管叉套到花键轴上。

③ 装好油封、油封垫片，拧紧油封盖。

（2）万向节的装复。

① 使十字轴上的滑脂嘴朝向套管一方，并和套管叉上的滑脂嘴同相位，插入万向节叉

耳孔内，把滚针轴承放入耳孔并套到十字轴轴颈上。

② 用铜棒、锤子轻敲滚针轴承外底面，使轴承进入耳孔到位，装上卡簧。

③ 对准装配标记，把凸缘叉套到十字轴的另一对轴颈上。

④ 把滚针轴承放入凸缘叉耳孔，并套到十字轴轴颈上，用铜棒、锤子轻敲轴承进入耳孔到位，用卡簧钳把挡圈装入耳孔槽。（注意：挡圈要整个厚度进入槽底，否则会在传动轴传动过程中弹出，发生轴承脱落的事故）

（3）中间支承的装复。

① 将轴承装入轴承座，两侧压入油封，装上橡胶垫环。

② 把装好的中间支承无滑脂嘴的一侧面对中间传动轴，套到中间花键轴上，然后使凸缘螺栓孔布置相位与另一端凸缘叉螺栓孔布置相位一致（即在轴的同一侧），套到中间花键轴上。

③ 在凸缘端面上垫上垫板，用锤子轻敲，使中间支承和凸缘到位。

④ 放上垫圈，拧上螺母，装上开口销，螺母的扭紧力矩不小于 200N·m。

（4）传动轴的装复。

安装传动轴应从前端开始，逐步往后装，先装中间传动轴及中间支承总成，而后装传动轴及套管叉总成。

① 把前端的凸缘叉装到驻车制动鼓上，装上弹簧垫圈和螺母（扭紧力矩 90~110N·m）。

② 中间传动轴的后端通过中间支承，用支架和上盖板，装到车架横梁上，装上螺栓、平垫圈、弹簧垫圈、螺母（扭紧力矩为 120N·m）。

③ 安装传动轴及套管叉总成前，检查滑脂嘴的朝向，使之尽可能与前传动轴的滑脂嘴在轴的同一侧，以求注油方便，然后将有套管叉的一端与中间传动轴的后端凸缘连接，另一端与后桥上的凸缘连接，采用专用螺栓、弹簧垫圈、螺母，螺母的拧紧扭矩为 90~110N·m。

注意： 在每个螺栓上都装有两个弹簧垫圈，一个装在凸缘叉一侧的六角螺栓头下面，另一个装在凸缘一侧的螺母下面

（5）润滑。三个万向节、滑动花键副和中间支承共五处，通过滑脂嘴注入 2 号工业锂基脂或二硫化钼锂基脂。

知识拓展

联 轴 器

联轴器是用来连接不同机构中的两根轴（主动轴和从动轴）使之共同旋转以传递扭矩的机械零件。在高速重载的动力传动中，有些联轴器还有缓冲、减振和提高轴系动态性能的作用。联轴器由两半部分组成，分别与主动轴和从动轴连接。一般动力机大都借助于联轴器与工作机相连接。联轴器种类繁多，选择时先应根据工作要求选定合适的类型，然后按照轴的直径计算扭矩和转速，再从有关手册中查出适用的型号，最后对某些关键零件做必要的验算。联轴器主要通过预紧来达到无空回传递扭矩，轴连接无空回，好的柔韧性和抗冲击性允许各个方向的偏移，即使在高速下，运动也平稳，能承受大的工作量。

故障案例

1. 汽车起步时或在行驶中改变车速时有撞击声

1)现象

汽车起步时,车身发抖并伴有撞击声;当改变车速时,响声加大。

2)原因

(1)十字轴及滚针轴承磨损过度、松旷。

(2)传动轴与滑动叉配合花键磨损过度、松旷。

(3)紧固螺栓松动等。

2. 汽车行驶时有异响

1)现象

汽车起步时无异响,但行驶时有异响,且车速越快,响声越大,脱挡滑行时也有异响。

2)原因

(1)中间支承位置不当。

(2)中间支承轴承磨损过大。

(3)中间支承橡胶垫损坏。

(4)万向节装配过紧。

3. 汽车行驶时有异响并伴随车身抖振

1)现象

汽车行驶时有异响,且随着车速的提高,响声加大,严重时车身抖振。

2)原因

(1)传动轴弯曲变形。

(2)传动轴不平衡。

(3)中间支承部件损坏严重。

任务四　驱动桥故障检修

 情境描述

李先生有一辆北京现代悦动轿车,在每次轻踩加速踏板时会产生金属敲击声。经维修接待初步检验为主减速器啮合间隙过大故障,我们作为维修技工,需要根据维修手册,参考相关资料排除故障,调整主减速器啮合间隙,并提出合理化使用建议,最终在检验合格后交付前台。

相关知识

一、驱动桥的组成

驱动桥一般由主减速器、差速器、半轴、桥壳等组成，如图1-113所示。

驱动桥是传动系的最后一个总成，发动机的动力传到驱动桥后，首先传到主减速器，在这里将转矩放大并降低转速后，经差速器分配给左、右半轴，然后通过半轴外端的凸缘传到驱动车轮的轮毂。驱动桥的主要零部件都在装在驱动桥的桥壳中。桥壳由主减速器壳和半轴套管组成。

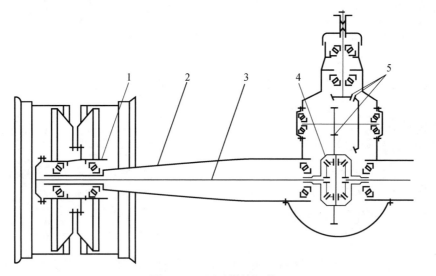

动画1-9 驱动桥动力传递路线

图1-113 驱动桥的组成

1—轮毂；2—桥壳；3—半轴；4—差速器；5—主减速器

1. 主减速器

1）主减速器的功用

主减速器的功用具体表述如下。

（1）将万向传动装置传来的发动机转矩传给差速器。

（2）在动力的传动过程中要将转矩增大并相应降低转速。

（3）对于纵置发动机，还要将转矩的旋转方向改变90°。

2）主减速器的类型

视频1-16 识别主减速器

按参加传动的齿轮副数目，主减速器可分为单级式主减速器和双级式主减速器。有些重型汽车又将双级式主减速器的第二级圆柱齿轮传动设置在两侧驱动车轮附近，称为轮边减速器。

按主减速器传动比个数，主减速器可分为单速式主减速器和双速式主减速器。单速式主减速器的传动比是固定的，而双速式主减速器则有两个传动比供驾驶员选择。

按齿轮副结构形式，主减速器可分为圆柱齿轮式（又可分为定轴轮系和行星轮系）主减速器和圆锥齿轮式（又可分为螺旋锥齿轮式和准双曲面锥齿轮式）主减速器。

> **特别提示**
> 目前,在轿车中主要是应用单级式主减速器。

(1)单级式主减速器。单级式主减速器结构简单、质量小、体积小、传动效率高,主要用于轿车及中型以下客货车。

对于发动机纵向布置的汽车,由于需要改变动力传递方向,单级式主减速器都采用一对圆锥齿轮传动,如桑塔纳2000、东风EQ1090等;对于发动机横向布置的汽车,单级式主减速器采用一对圆柱齿轮即可,如夏利7130、宝来1.8T等。

① 上海桑塔纳2000轿车单级式主减速器。桑塔纳2000轿车单级式主减速器的装配图如图1-114所示,主减速器和差速器的零件分解图如图1-115所示。由于发动机纵向前置前轮驱动,整个传动系都集中布置在汽车前部,所以其主减速器装于变速器壳体内,没有专门的主减速器壳体。同时省去了变速器到主减速器之间的万向传动装置,因此变速器输出轴即为主减速器主动轴。

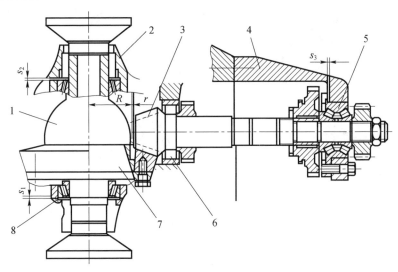

图1-114 桑塔纳2000轿车单级式主减速器

1—差速器;2—变速器前壳体;3—主动锥齿轮;4—变速器后壳体;5—双列圆锥滚子轴承;6—圆柱滚子轴承;
7—从动锥齿轮;8—圆锥滚子轴承;S_1—调整垫片厚度(从动锥齿轮一侧);S_2—调整垫片厚度(与从动锥齿轮相对的一侧);
S_3—调整垫片厚度;r—与理论上的尺寸 R 成比例的偏差(偏差 r 用 1/100mm 表示,如:25 表示 $r=0.25$mm);
R—主动锥齿轮理论上的尺寸($R=50.7$mm)

主减速器由一对准双曲面锥齿轮组成,主动锥齿轮的齿数为9,从动锥齿轮的齿数为40,其传动比约为4.444。主动锥齿轮与变速器输出轴制为一体,用双列圆锥滚子轴承和圆柱滚子轴承支承在变速器壳体内,属于悬臂式支承。环状的从动锥齿轮靠凸缘定位,并用螺栓与差速器壳连接。差速器壳由一对圆锥滚子轴承支承在变速器壳体上。

② 东风EQ1090单级式主减速器。如图1-116所示为东风EQ1090型汽车单级式主减速器。它由主、从动锥齿轮及其支承调整装置、主减速器壳等组成。主动锥齿轮的齿数为6,从动锥齿轮的齿数为38,因此其传动比 $i \approx 6.33$。

主、从动锥齿轮采用准双曲面齿轮,主动锥齿轮与主动轴制成一体。为了保证主动锥齿轮有足够的支承刚度，改善啮合条件，其前端支承在两个距离较近的圆锥滚子轴承 13 和 17 上，后端支承在圆柱滚子轴承 19 上，形成跨置式支承。圆锥滚子轴承 13 和 17 的外座圈支承在轴承座 15 上，内座圈之间有隔套和调整垫片 14。轴承座依靠凸缘定位，用螺栓固装在主减速器壳体的前端，两者之间有调整垫片 9。从动锥齿轮靠凸缘定位，用螺栓紧固在差速器壳上，而差速器壳则用两个圆锥滚子轴承 3 支承在主减速器壳体中，并用轴承调整螺母 2 进行轴向定位。在从动锥齿轮啮合处背面的主减速器壳体上，装有支承螺柱，用以限制大负荷下从动锥齿轮因过度变形而影响正常啮合。装配时，应在支承螺柱与从动锥齿轮背面之间预留一定间隙（0.3～0.5mm），转动支承螺柱可以调整此间隙。

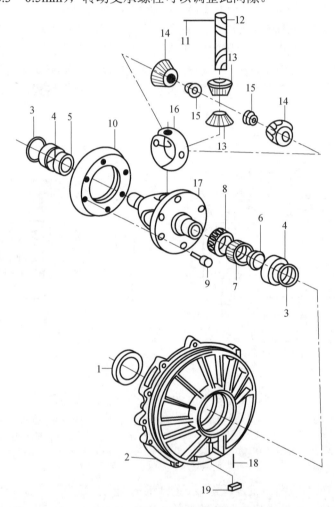

图 1-115　桑塔纳 2000 轿车主减速器和差速器的零件分解图

1—密封圈；2—主减速器盖；3—从动锥齿轮的调整垫片；4—轴承外座圈；5—差速器轴承；6—锁紧套筒；7—车速表主动齿轮；8—差速器轴承；9—螺栓（拧紧力矩 70N·m）；10—从动锥齿轮；11—夹紧销；12—行星齿轮轴；13—行星齿轮；14—半轴齿轮；15—螺纹套；16—复合式止推垫片；17—差速器壳；18—磁铁固定销；19—磁铁

（2）双级式主减速器。有些汽车需要较大的主减速器传动比，单级主减速器已不能满足足够的离地间隙，这就需要采用由两对齿轮降速的双级主减速器。如图 1-117 所示为解放 CA1092 汽车的双级式主减速器。

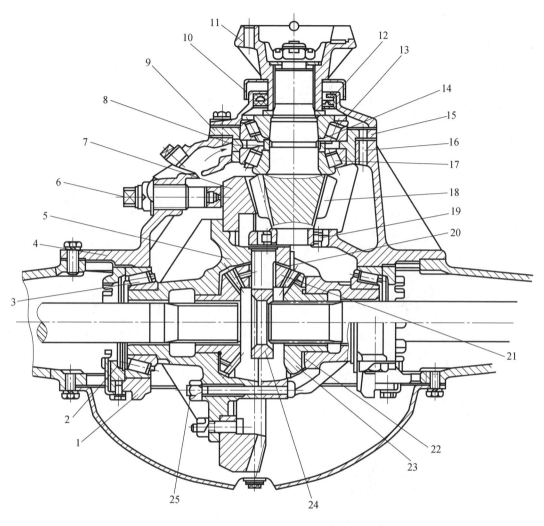

图 1-116　东风 EQ1090 型汽车单级式主减速器

1—差速器轴承盖；2—轴承调整螺母；3、13、17—圆锥滚子轴承；4—主减速器壳；5—差速器壳；6—支承螺柱；7—从动锥齿轮；8—进油道；9、14—调整垫片；10—防尘罩；11—叉形凸缘；12—油封；15—轴承座；16—回油道；18—主动锥齿轮；19—圆柱滚子轴承；20—行星齿轮垫片；21—行星齿轮；22—半轴齿轮推力垫片；23—半轴齿轮；24—行星齿轮轴（十字轴）；25—螺栓

第一级传动为第一级主动锥齿轮和第一级从动锥齿轮，这是一对螺旋锥齿轮，而不是桑塔纳 2000 和东风 EQ1090 主减速器采用的准双曲面齿轮，其传动比为 25/13≈1.923；第二级传动为第二级主动齿轮和第二级从动齿轮，这是一对斜齿圆柱齿轮，其传动比为 45/15＝3。

第一级主动锥齿轮和第一级主动锥齿轮轴制成一体，用两个圆锥滚子轴承（相距较远）支承在轴承座的座孔中，因第一级主动锥齿轮悬伸在两轴承之后，故称为悬臂式支承。第一级从动锥齿轮用铆钉铆接在中间轴的凸缘上。第二级主动齿轮与中间轴制成一体，用两个圆锥滚子轴承支承在两端轴承盖的座孔中，轴承盖用螺栓与主减速器壳固定连接。第二级从动齿轮夹在左、右两半差速器壳之间，并用螺栓将它们紧固在一起，其支承形式与东风 EQ1090 型汽车主减速器中差速器壳的支承形式相同。

2. 差速器

1）差速器的功用

差速器的功用是将主减速器传来的动力传给左、右两半轴，并在必要时允许左、右半轴以不同转速旋转，使左、右驱动车轮相对地面纯滚动而不是滑动。

汽车行驶过程中，车轮相对路面有两种运动状态：滚动和滑动。滑动又有滑转和滑移两种。设车轮中心相对路面的速度为 v，车轮旋转角速度为 ω，车轮滚动半径为 r。如果 $v=\omega r$，则车轮对路面的运动为滚动，这是最理想的运动状态；如果 $\omega>0$，但 $v=0$，则车轮的运动为滑转；如果 $v>0$，但 $\omega=0$，则车轮的运动为滑移。

当汽车转弯行驶时，内外两侧车轮中心在同一时间内移过的曲线距离显然不同，即外侧车轮移过的距离大于内侧车轮，如图 1-118 所示。若两侧车轮都固定在同一刚性转轴上，两轮角速度相等，则此时外轮必然是边滚动边滑移，而内轮必然是边滚动边滑转。

视频 1-17 识别差速器

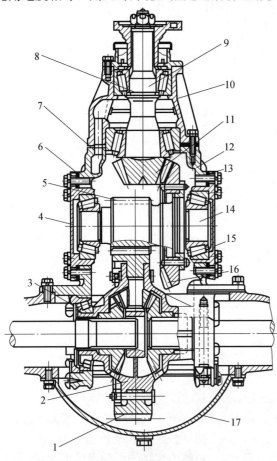

图 1-117 解放 CA1092 汽车的双级式主减速器
图 1-118 汽车转向时驱动车轮的运动示意图

1—第二级从动齿轮；2—差速器；3—调整螺母；4、15—轴承盖；
5—第二级主动齿轮；6、7、8、13—调整垫片；
9—第一级主动锥齿轮轴；10—轴承座；11—第一级主动锥齿轮；
12—主减速器，14—中间轴；16—第一级从动锥齿轮；17—后盖

同样，汽车在不平路面上直线行驶时，两侧车轮实际移过的曲线距离也不相等。因此，

在角速度相同的条件下,在波形较显著的路面上运动的一侧车轮是边滚动边滑移,另一侧车轮则是边滚动边滑转。即使路面非常平直,但由于轮胎制造尺寸误差,磨损程度不同,承受的载荷不同或充气压力不等,各个轮胎的滚动半径也不可能相等,所以,只要各车轮角速度相等,车轮对路面的滑动就必然存在。

> **特别提示**
>
> 车轮对路面的滑动不仅会加速轮胎磨损,增加汽车的动力消耗,而且可能导致转向和制动性能的恶化。因此,在正常行驶条件下,应使车轮尽可能不发生滑动,差速器的作用就在于此。

2) 差速器的类型

差速器按其工作特性可分为普通齿轮式差速器和防滑差速器两大类。

(1) 普通齿轮差速器。应用最广泛的普通齿轮差速器为锥齿轮差速器,如图 1-119 所示为桑塔纳 2000 轿车差速器。

① 结构。普通齿轮差速器由差速器壳、行星齿轮轴、2 个行星齿轮、2 个半轴齿轮、复合式推力垫片等组成。行星齿轮轴装入差速器壳体后用止动销定位。行星齿轮和半轴齿轮的背面制成球面,与复合式的推力垫片相配合,以达到减摩、耐磨的目的。螺纹套用于紧固半轴齿轮,差速器通过一对圆锥滚子轴承支承在变速器壳体中。

② 工作原理。差速器的工作原理如图 1-120、图 1-121 所示。主减速器传来的动力带动差速器壳(转速为 n_0)转动,经过行星齿轮轴、行星齿轮、半轴齿轮、半轴(转速分别为 n_1 和 n_2),最后传给两侧驱动车轮。

汽车直线行驶时,两侧驱动车轮受到的地面阻力相同,并经半轴、半轴齿轮反作用于行星齿轮两啮合点 A 和 B(图 1-120)。这时行星齿轮相当于等臂杠杆,即行星齿轮不自转,只随差速器壳和行星齿轮轴一起公转,两半轴无转速差,即 $n_1 = n_2 = n_0$,$n_1 + n_2 = 2n_0$。

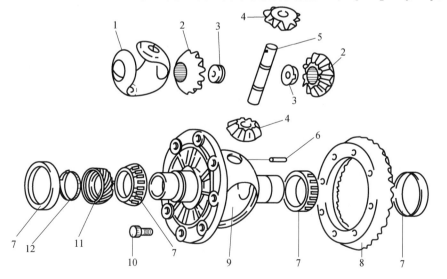

动画 1-10
差速器总成
内部零件分解图

图 1-119 桑塔纳 2000 轿车差速器

1—复合式推力垫片;2—半轴齿轮;3—螺纹套;4—行星齿轮;5—行星齿轮轴;6—止动销;7—圆锥滚子轴承;
8—主减速器从动锥齿轮;9—差速器壳;10—螺栓;11—车速表齿轮;12—车速表齿轮锁紧套筒

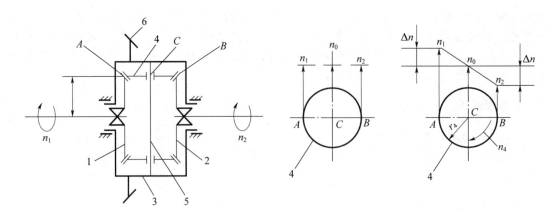

图 1-120 差速器运动原理

1、2—半轴齿轮；3—差速器壳；4—行星齿轮；5—行星齿轮轴；6—主减速器从动齿轮

同样，由于行星齿轮相当于等臂杠杆，主减速器传动差速器壳体上的转矩 M_0 等分给两半轴齿轮（半轴），即 $M_1=M_2=M_0/2$。

汽车转向行驶时，两侧驱动车轮所受到的地面阻力不同。如果车辆右转，右侧（内侧）驱动车轮所受的阻力大，左侧（外侧）驱动车轮所受的阻力小。这两个阻力经半轴、半轴齿轮反作用于行星齿轮两啮合点 A 和 B（图 1-120），使行星齿轮除了随差速器壳公转外还顺时针自转。设自转转速为 n_4，则左半轴齿轮的转速增加，右半轴齿轮的转速降低，且左半轴齿轮增加的转速等于右半轴齿轮降低的转速。设半轴齿轮的转速变化为 Δn，则 $n_1=n_0+\Delta n$，$n_2=n_0-\Delta n$，即汽车右转时，左侧（外侧）车轮转得快，右侧（内侧）车轮转得慢，实现纯滚动。此时依然有 $n_1+n_2=2n_0$。

由于行星齿轮的自转，所以行星齿轮孔与行星齿轮轴轴径间，以及齿轮背部与差速器壳体之间都产生摩擦。如图 2-121 所示，行星齿轮所受的摩擦力矩 M_T 方向与其自转方向相反，并传到左、右半轴齿轮，使转得快的左半轴的转矩减小，转得慢的右半轴的转矩增加。当左、右驱动车轮存在转速差时，$M_1=(M_0-M_T)/2$，$M_2=(M_0+M_T)/2$。由于有推力垫片的存在，实际中的 M_T 很小，可以忽略不计，所以 $M_1=M_2=M_0/2$。

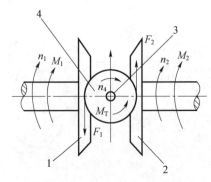

动画 1-11　差速器原理

图 1-121 差速器转矩分配原理

1、2—半轴齿轮；3—行星齿轮轴；4—行星齿轮

总结:

(1) 普通锥齿轮差速器的运动特性: $n_1 + n_2 = 2n_0$。

(2) 普通锥齿轮差速器的转矩分配特性: $M_1 = M_2 = M_0/2$,即转矩等量分配特性。

普通锥齿轮式差速器转矩等量分配的特性对于汽车在好路面上行驶是有利的。但严重影响汽车在坏路面上行驶的通过能力。例如,当汽车的一个驱动轮处于泥泞路面因附着力小而原地打滑时,即使另一驱动轮处于附着力大的路面上且未滑转,汽车仍不能行驶。这是因为附着力小的路面只能对驱动车轮作用一个很小的反作用力矩,而驱动转矩也只能等于这一很小的反作用力矩。由于差速器等量分配转矩的特性,所以附着力好的驱动轮也只能分配到同样小的转矩,以致总的牵引力不足以克服行驶阻力,汽车便不能前进。

> **特别提示**
>
> 为了提高汽车通过坏路面的能力,可采用防滑差速器。当汽车某一侧驱动轮发生滑转时,差速器的差速作用即被锁止,并将大部分或全部转矩分配给未滑转的驱动轮,充分利用未滑转车轮与地面之间的附着力,产生足够的牵引力使汽车继续行驶。

(2) 防滑差速器。汽车上常用的防滑差速器有多种形式,下面仅介绍托森差速器的构造和工作原理。

如图1-122所示为奥迪A4全轮驱动轿车前、后驱动桥之间采用的新型托森差速器。"托森"表示转矩灵敏,它是一种轴间自锁差速器,装在变速器后端。转矩由变速器输出轴传给托森差速器,再由差速器直接分配给前驱动桥和后驱动桥。

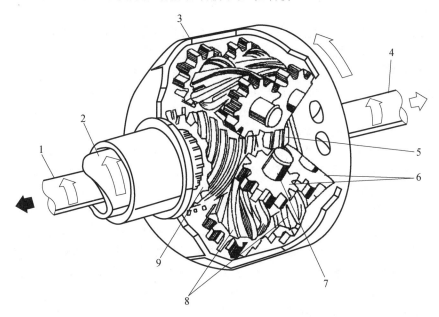

图1-122 托森差速器的结构

1—差速器齿轮轴;2—空心轴;3—差速器外壳;4—驱动轴凸缘盘;5—后轴蜗杆;6—直齿圆柱齿轮;
7—蜗轮轴;8—蜗轮;9—前轴蜗杆

托森差速器由差速器壳、6个蜗轮、6根蜗轮轴、12个直齿圆柱齿轮及前、后轴蜗杆组成。当前、后驱动桥无转速差时,蜗轮绕自身轴自转。当各蜗轮、蜗杆与差速器壳一起等速转动时,差速器不起差速作用。当前、后驱动桥需要有转速差,如汽车转弯时,因前轮转弯半径大,差速器起差速作用。此时,蜗轮除公转传递动力外,还要自转。由于直齿圆柱齿轮的相互啮合,使前、后蜗轮自转方向相反,从而使前轴蜗杆转速增加,后轴蜗杆转速减小,实现了差速。托森差速器起差速作用时,由于蜗杆、蜗轮、啮合副之间的摩擦作用,所以转速较低的后驱动桥比转速较高的前驱动桥分配到的转矩大,当后驱动桥分配到的转矩大到一定程度而出现滑转时,后桥转速会升高一点,此时转矩会立刻重新分配给前桥,因此,驱动力的分配可根据转弯的要求自动调节,这样使汽车转弯时具有良好的驾驶性。当前、后驱动桥中某一桥因附着力小而出现滑转时,差速器开始发挥作用,将转矩的大部分分配给附着力好的另一驱动桥(最高可达 3.5 倍),从而提高了汽车通过坏路面的能力。

总结:
普通锥齿轮差速器为了减少行星齿轮、半轴齿轮背部的摩擦、磨损,在行星齿轮、半轴齿轮背部的差速器壳体之间采用了推力垫片,使内摩擦力矩 M_T 很小,可以忽略不计。而防滑差速器是特意增加内摩擦力矩 M_T,使转得慢的驱动轮(驱动桥)获得的转矩大,转得快的驱动轮(驱动桥)获得的转矩小,提高了汽车通过坏路面的能力。

3. 半轴

1)半轴的功用和构造

(1)功用。半轴的功用是将差速器传来的动力传给驱动轮。因其传递的转矩较大,常制成实心轴。

(2)构造。半轴的结构因驱动桥结构形式的不同而不同。整体式驱动桥中的半轴为一刚性整轴,而转向驱动桥和断开式驱动桥中的半轴则分段并用万向节连接。半轴内端一般制有外花键与半轴齿轮连接。半轴外端有的直接在轴端锻造出凸缘盘,也有的制成花键与单独制成的凸缘盘滑动配合,还有的制成锥形并通过键和螺母与轮毂固定连接。

2)支承形式

现代汽车常采用全浮式和半浮式两种半轴支承形式。

(1)全浮式半轴支承。全浮式半轴支承广泛应用于各型货车上,其示意图如图 1-123 所示。半轴外端锻造有半轴凸缘,用螺栓紧固在轮毂上,轮毂用一对圆锥滚子轴承支承在半轴套管上,半轴套管与空心梁压配成一体,组成驱动桥壳。这种支承形式,半轴与桥壳没有直接联系。半轴内端用花键与半轴齿轮套合,并通过差速器壳支承在主减速器壳的座孔中。

这种半轴支承形式,半轴只在两端承受转矩,不承受其他任何反力和弯矩,因此称为全浮式半轴支承。所谓"浮"是对卸除半轴的弯曲载荷而言。全浮式半轴支承便于拆装,只需拧下半轴凸缘上的轮毂螺栓,即可将半轴抽出,而车轮和桥壳照样能支撑住汽车。

(2)半浮式半轴支承。如图 1-124 所示为半浮式半轴支承的示意图。半轴外端制成锥形,锥面上铣有键槽,最外端制有螺纹。轮毂以其相应的锥孔与半轴上锥面配合,并用键连接,用锁紧螺母紧固。半轴用一个圆锥滚子轴承直接支承在桥壳凸缘的座孔内。车轮与桥壳之间无直接联系,而支承于悬伸出的半轴外端。因此,地面作用于车轮的各种反力都需经半轴外端的悬伸部分传给桥壳,使半轴外端不仅要承受转矩,而且要承受各种反力及其形成的弯矩。

半轴内端通过花键与半轴齿轮连接，不承受弯矩。因此称这种支承形式为半浮式半轴支承。

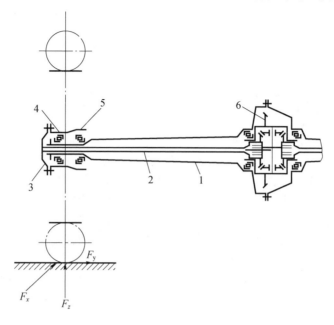

图 1-123　全浮式半轴支承示意图

1—桥壳；2—半轴；3—半轴凸缘；4—轮毂；5—轮毂轴承；6—主减速器从动锥齿轮

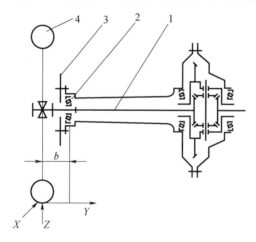

图 1-124　半浮式半轴支承示意图

1—半轴；2—圆锥滚子轴承；3—轴承盖；4—车轮

视频 1-18
识别半轴

半浮式半轴支承结构简单，但半轴受力情况复杂且拆装不便，多用于反力、弯矩较小的各类轿车上。

4. 桥壳

1）桥壳的功用

驱动桥壳既是传动系的组成部分，也是行驶系的组成部分。作为传动系的组成部分，其功用是安装并保护主减速器、差速器和半轴。作为行驶系的组成部分，其功用是安装悬架或轮毂，和从动桥一起支承汽车悬架以上各部分质量，承受驱动轮传来的反力和力矩，并在驱动轮与悬架之间传力。

> **特别提示**
>
> 由于桥壳承受较复杂的载荷，所以要求桥壳应具有足够的强度和刚度，质量小，且便于主减速器的拆装和调整。

视频 1-19　识别桥壳

2）桥壳的类型

驱动桥壳可分为整体式桥壳和分段式桥壳两种类型。整体式桥壳一般是铸造，具有较大的强度和刚度，且便于主减速器的拆装和调整。其缺点是质量大，铸造质量不易保证。因此，整体式桥壳适用于中型以上货车。分段式桥壳一般分为两段，由螺栓将两段连成一体。分段式桥壳最大的缺点是拆装、维修主减速器、差速器十分不便，必须把整个驱动桥从车上拆下来，现在已很少应用。

二、驱动桥的功用和类型

1. 驱动桥的功用

驱动桥的功用是将由万向传动装置传来的发动机转矩传给驱动车轮，并经降速增矩、改变动力传动方向，使汽车行驶，且允许左、右驱动车轮以不同的转速旋转。

具体来说，主减速器的功用为降速增矩，改变动力传动方向；差速器的功用是允许左、右驱动车轮以不同的转速旋转；半轴的功用是将动力由差速器传给驱动车轮。

2. 驱动桥的分类

按照悬架结构的不同，驱动桥可以分为整体式驱动桥和断开式驱动桥。整体式驱动桥又称为非断开式驱动桥。

1）整体式驱动桥

整体式驱动桥如图 1-113 所示，与非独立悬架配用。其驱动桥壳为一个刚性的整体，驱动桥两端通过悬架与车架或车身连接，左、右半轴始终在一条直线上，即左、右驱动轮不能相互独立地跳动。当某一侧车轮通过地面的凸出物或凹坑升高或下降时，整个驱动桥及车身都要随之发生倾斜，车身波动大。

2）断开式驱动桥

断开式驱动桥如图 1-125 所示，与独立悬架配用。其主减速器固定在车架或车身上，驱动桥壳制成分段并用铰链连接，半轴也分段并用万向节连接。驱动桥两端分别用悬架与车架或车身连接。这样，两侧驱动车轮及桥壳可以彼此独立地相对于车架或车身上下跳动。

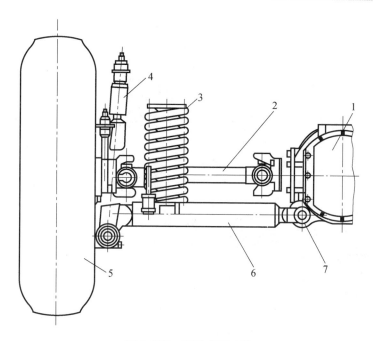

图 1-125　断开式驱动桥

1—主减速器；2—半轴；3—弹性元件；4—减振器；5—驱动车轮；6—摆臂；7—摆臂轴

任务实施

1. 主要内容及目的

(1) 熟悉主减速器的结构。

(2) 掌握主减速器的拆装工艺。

(3) 掌握主动锥齿轮轴承预紧度及齿轮啮合间隙的调整方法。

2. 技术标准及要求

(1) 按正确的操作步骤进行拆装与检查。

(2) 有关技术参数必须符合维修技术标准要求。

(3) 操作规范，安全文明作业。

3. 实训设备与器材

主减速器 1 台，磁力表座、百分表 1 套，红丹油 1 盒，维修工具 1 套，加热器 1 台，扭力扳手 1 把。

4. 操作步骤及工作要点

1) 主减速器的组成

主减速器（以丰田车为例）的组成如图 1-126 所示。

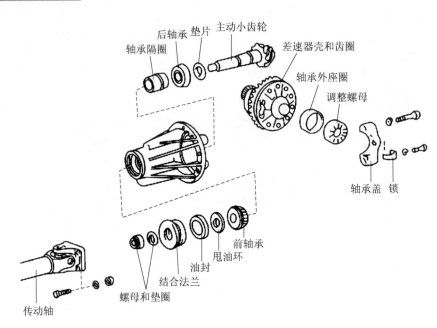

图 1-126 主减速器的组成

2）主减速器和差速器的检测

（1）检查主减速器主动齿轮、从动齿轮、行星齿轮及半轴齿轮的齿面是否有刮伤或严重磨损。齿轮不允许有疲劳剥落，齿面出现黑斑的面积不得大于工作面的 30%。主减速器及差速器壳不得有裂纹。否则，应更换总成。

（2）检查从动锥齿轮的偏摆量，如图 1-127 所示。固定百分表座，将百分表针抵在从动齿轮背面最外端，从动齿轮旋转 1 周，记下百分表摆差读数。偏摆量要小于 0.10 mm，否则应予以更换。

（3）检查主、从动齿轮的啮合间隙，如图 1-128 所示。固定百分表座，将百分表针抵在从动齿轮任一齿面上，固定主动齿轮，将从动齿轮沿轴向来回拉动，记下百分表摆差读数。数值应在 0.13～0.18mm 范围内，否则应调整侧向轴承。

图 1-127 从动锥齿轮偏摆的检查 图 1-128 主、从动齿轮啮合间隙的检查

（4）检查半轴齿轮与行星齿轮的啮合间隙，如图 1-129 所示。固定百分表座，将百分表针抵在半轴齿轮任一齿面上，将一个行星齿轮固定，用手拨动半轴齿轮，记下百分表摆差读

数。数值应在 0.05～0.20mm 范围内。如间隙不当，可调整行星齿轮和半轴齿轮背面的垫片。

（5）检查主、从动齿轮轮齿的啮合印痕。

① 在从动齿轮上 3 个不同位置上的 3 或 4 个轮齿上涂上红丹油，如图 1-130 所示。

② 朝两个不同方向转动主动齿轮，检视轮齿的啮合印痕，正确的印痕应在从动齿轮的中间偏齿根（国产载货车则偏向轮齿的小端）的位置，如图 1-131 所示。

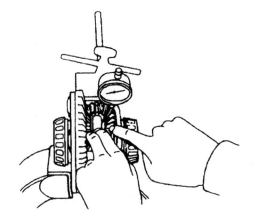

图 1-129　半轴齿轮与行星齿轮啮合间隙的检查

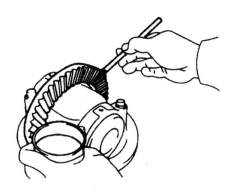

图 1-130　在从动齿轮上涂上红丹油

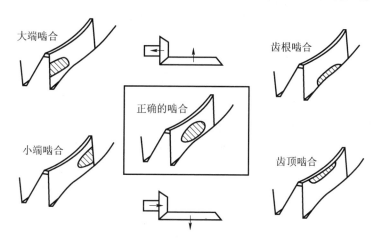

图 1-131　齿轮啮合情况的检查

3）主动锥齿轮轴承预紧度的调整

（1）装配主动锥齿轮。依次将调整垫片、后轴承装在主动锥齿轮轴颈上，再装入隔圈后，一起装入轴承座壳内，如图 1-132 所示。然后依次装入前轴承、结合法兰、槽形螺母，不装油封（调整轴承预紧力后，再装油封）。

（2）用维修工具夹紧结合法兰，拧紧结合法兰槽形螺母来调整主动锥齿轮轴承预紧力，如图 1-133 所示，扭力矩为 170～210N·m。

（3）检验预紧力。如图 1-134 所示，用扭力扳手扭转主动锥齿轮，扭力矩为：新轴承取 1.9～2.6N·m；旧轴承取 0.9～1.3N·m。亦可凭经验检查：用手左右转动结合法兰，转动灵活无阻滞,沿轴向推拉法兰时没有可感觉到的轴向间隙即为合适。

(4) 预紧力调整。如果转动主动锥齿轮的力矩不合适,即主动锥齿轮轴承预紧力不合适,一般通过拧紧结合法兰槽形螺母来调整。如果调整槽形螺母满足不了预紧力要求,则可通过更换后轴承后面的调整垫片来调整。垫片厚度为 0.25~0.45mm,每 0.05mm 一个级差。如果转动力矩过大,应减小垫片厚度;反之,则加厚垫片厚度。

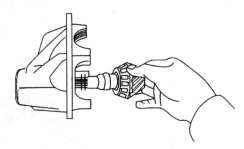

图 1-132 主动锥齿轮的装配

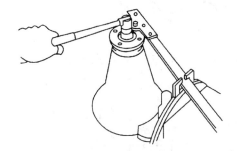 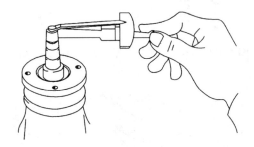

图 1-133 结合法兰槽形螺母的拧紧　　　图 1-134 主动锥齿轮预紧力的检验

4) 半轴齿轮与行星齿轮啮合间隙的调整

(1) 选择适当的止推垫圈,把止推垫圈和半轴齿轮装入差速器壳内。按上述方法测量半轴齿轮与行星齿轮的啮合间隙,应在 0.05~0.20mm 范围内。如间隙不当,则换用不同厚度的止推垫圈。左、右两边的止推垫圈厚度应一致,垫圈厚度有 1.60mm、1.70mm、1.80mm 等三种。

(2) 半轴齿轮轮齿大端端面的弧面与行星齿轮的背面弧面应相吻合,并在同一球面上。不合适时,可通过改变行星齿轮背面球形垫圈的厚度来调整。

(3) 安装行星齿轮轴上的直销,并把销和差速器壳铆死,如图 1-135 所示。重复检查半轴齿轮的转动是否灵活,半轴齿轮与行星齿轮啮合间隙是否合适。

5) 从动齿轮轴承预紧度的调整

(1) 如图 1-136 所示,将从动齿轮在油浴中加热至 100℃后,对准记号装上差速器壳。

(2) 按图 1-137 (a)(b)(c) 所示顺序,把差速器总成装在托架上。需要注意的是左、右轴承外座圈不能交换位置。先装调整螺母,再装轴承盖,但不能拧紧轴承盖螺栓。轴承盖要按拆卸前做的记号装回,用手拧紧左、右调整螺母,并对称均匀地压紧差速器总成左、右轴承。

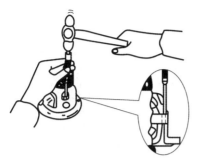
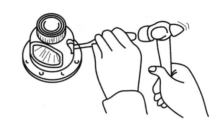

(a)行星齿轮上直销的安装　　　　　　(b)销及差速器壳铆死

图 1-135　行星齿轮轴上直销的安装及销和差速器壳的铆死

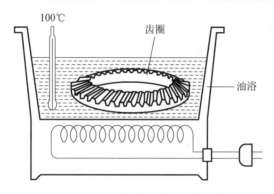

图 1-136　从动齿轮在油浴中加热

（3）用维修工具将从动齿轮一侧的调整螺母拧紧直至主、从动齿轮啮合间隙约 0.2mm，如图 1-138 所示。

（4）将百分表指针抵在从动齿轮一侧的调整螺母顶上（要"压表"），用维修工具拧紧另一侧调整螺母直至百分表指针开始摆动，如图 1-139 所示，再将调整螺母拧入 1～1.5 圈。最后按扭矩拧紧轴承盖螺栓并锁紧。

（5）预紧力检查。如图 1-140 所示，用扭力扳手扭转主动锥齿轮，扭力矩应增加 0.4～0.6N·m。

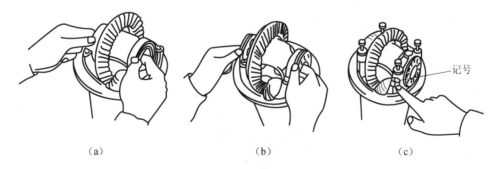

(a)　　　　　　　　　(b)　　　　　　　　　(c)

图 1-137　装配差速器总成、调整螺母、轴承盖

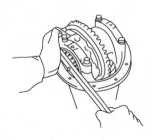
图 1-138 拧紧从动齿轮一侧的调整螺母

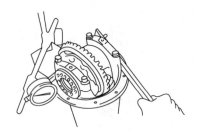
图 1-139 拧紧从动齿轮另一侧的调整螺母

6)主、从动齿轮啮合间隙的调整

按前面所讲述的方法检测主、从动齿轮的啮合间隙,如间隙不符,可通过等量转动差速器壳左、右两侧的调整螺母来调整,即一侧拧紧多少圈,另一侧拧松多少圈。如间隙过大,则将从动齿轮(离开主动齿轮)一侧的调整螺母拧松,从动齿轮另一侧的调整螺母拧紧;若间隙过小,则反之,直至调整到合适为止。

7)主、从动齿轮轮齿啮合印痕的调整

(1)螺旋线齿轮的调整。在调整好主、从动齿轮啮合间隙之后,才能调整轮齿啮合印痕。按前面所述的方法检验印痕。当接触印痕在从动齿轮轮齿大端时,应将从动齿轮向主动齿轮靠拢(简称"进从")。假如因此使主、从动齿轮啮合间隙过小,可调整主动齿轮轴承垫圈,使主动齿轮移离从动齿轮。

当接触印痕在从动齿轮轮齿小端时,应将从动齿轮移离主动齿轮(简称"出从")。假如因此使齿隙过大,可将主动齿轮向从动齿轮移动。

当接触印痕在从动齿轮轮齿顶端时,应将主动齿轮向从动齿轮靠拢(简称"进主")。假如因此使齿隙过小,可将从动齿轮移离主动齿轮。

当接触印痕在从动齿轮轮齿根部时,应将主动齿轮移离从动齿轮(简称"出主")。假如因此使间隙过大,可将从动齿轮向主动齿轮移动。

简化口诀:大进从,小出从;顶进主,根出主。

(2)双曲线齿轮的调整。该调整的简化口诀:大出从,小进从;顶进主,根出主。

> **知识拓展**
>
> 对于采用发动机前置前桥驱动形式的汽车,一般将变速器和驱动桥两个动力总成合为一体,布置在一个壳体内,变速器输出轴也就是主减速器的输入轴,此种桥被称为变速驱动桥。
>
>
> 图 1-140 变速驱动桥

故障案例

1. 过热

1）现象

汽车行驶一段里程后，用手探试驱动桥壳中部或主减速器壳，有无法忍受的烫手感觉

2）原因

（1）齿轮油变质、油量不足或牌号不符合要求。

（2）轴承调整过紧。

（3）齿轮啮合间隙和行星齿轮与半轴齿轮啮合间隙调整得太小。

（4）油封过紧和各运动副、轴承润滑不良产生干摩擦。

3）故障诊断与排除方法

（1）局部过热。

① 油封处过热，则故障由油封过紧引起。

② 轴承处过热，则故障由轴承损坏或调整不当引起。

③ 油封和轴承处均不过热，则故障由推力垫片与主减速器从动齿轮背隙过小引起。

（2）普遍过热。

① 检查齿轮油油面高度，若油面太低，则故障由齿轮油量不足引起。

② 检查主减速器齿轮啮合间隙的大小。

③ 松开手刹，变速器置于空挡，轻松转动主减速器的凸缘盘，若转动角度太小，则故障由主减速器齿轮啮合间隙太小引起；若转动角度正常，则故障由差速器行星齿轮与半轴齿轮啮合间隙太小引起。

2. 异响

1）现象

（1）汽车行驶时，驱动桥有异响，而脱挡滑行时，响声减弱或消失。

（2）汽车挂挡行驶和脱挡行驶，均有异响。

（3）转弯行驶时，驱动桥有异响，而直线行驶时没异响。

2）原因

（1）圆锥和圆柱主从动齿轮、行星齿轮、半轴齿轮啮合间隙过大。

（2）半轴齿轮花键槽与半轴的配合松旷。

（3）圆锥主、从动齿轮啮合不良。

（4）圆锥与圆柱主、从动齿轮啮合间隙不均，齿轮齿面损伤或轮齿折断。

（5）半轴齿轮与行星齿轮不匹配。

3）故障诊断与排除方法

（1）停车检查。

① 检查齿轮油是否过少，若过少应加注齿轮油。

② 若齿轮油变稀或变质，应更换齿轮油。

③ 用手握住传动轴，检查减速器齿轮的啮合间隙是否过于松旷，视检查情况调整。

（2）路试检查。

① 汽车行驶中，若车速越高响声越大，脱挡滑行减弱或消失，则说明主减速器轴承磨损松旷，应调整或更换。

② 若汽车行驶或滑行时，响声不减弱或不消失，则说明主动锥齿轮轴承、差速器轴承松旷，应调整或更换。

③ 若汽车直线行驶时发响，则说明减速器齿轮的轮齿有损坏，应更换。

④ 转弯时有异响，直行时异响消失，则说明差速器行星齿轮损坏或行星齿轮轴润滑不良，应更换。

3. 漏油

1）现象

从驱动桥加油口、放油口螺塞处或油封，以及各接合面处可见到明显漏油痕迹。

2）原因

（1）加油口、放油口螺塞松动或损坏。

（2）油封磨损、硬化，或油封装反，或油封与轴颈不同轴，或油封轴颈磨成沟槽。

（3）接合平面变形、加工粗糙，密封衬垫太薄、硬化或损坏，紧固螺钉松动或损坏。

（4）通气孔堵塞。

（5）桥壳有裂纹。

3）故障诊断与排除

根据漏油痕迹部位判断漏油的具体原因进行排除。

项目二　汽车底盘行驶系统检修

汽车行驶系统,简称汽车行驶系,是保证汽车安全行驶的一个重要系统。在一百多年前世界上第一辆汽车诞生的时候,便已有了行驶系的雏形。人们最早在福特的 T 型车上见到了由钢板弹簧组成的悬架和橡胶轮胎,随后出现的各类独立悬架、空气弹簧、无内胎轮胎等产品均对提高汽车行驶性能产生了巨大的影响。

能力目标	知识要点	权重
(1) 能规范地对车桥及悬架进行检查 (2) 能使用四轮定位仪 (3) 能判断轮胎异常磨损的故障原因 (4) 能通过试车或客户讲解判断车轮动平衡故障	(1) 掌握车桥及悬架的维修内容 (2) 掌握维护内容和使用注意事项 (3) 掌握四轮定位内容及相关参数 (4) 掌握轮胎的功用与种类 (5) 掌握车轮动平衡的原理及不平衡故障现象	30%
(1) 能正确地对车桥及悬架进行修理 (2) 能正确装配车桥及悬架并进行适当的调整 (3) 能通过故障现象判断定位失准部位 (4) 能根据故障原因制订维修计划 (5) 能检查汽车车轮定位项目 (6) 能根据定位参数制订调整计划并进行调整 (7) 能对车轮进行动平衡测试并调整动平衡	(1) 掌握车桥及悬架的维修调整技术标准 (2) 掌握定位仪的使用 (3) 掌握四轮定位调整工艺 (4) 掌握轮胎异常磨损的原因及解决方案 (5) 掌握车轮动平衡仪的使用方法	60%
运用知识分析案例,并制定故障排除方案		10%

任务一　车架与车桥故障检修

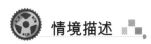

某汽车维修站接收一辆北京现代悦动轿车,根据车主反映,该车车身下沉,严重影响行车速度,乘坐也不舒服,且转向不如以前轻便。我们作为维修技工,需要根据维修手册,使

用诊断检测仪器，参考相关资料排除故障，并在最终检验合格后交付前台。

 相关知识

一、车架

1. 车架的作用

就像人的身体由骨架来支撑一样，汽车也必须有一副骨架，这就是车架。除了普通轿车和部分大客车外，大多数汽车都有车架，它承担着两个重要的任务：一是作为支承连接汽车各总成零件的安装基体，承受车内外的各种静载荷，主要是汽车自身零部件的重量；二是在汽车极为复杂的行驶工况中，承受动载荷作用，包括行驶时所受的冲击、扭曲和惯性力等。

2. 车架的类型

现有的车架种类有边梁式、中梁式、综合式及承载式等。

1）边梁式车架

边梁式车架由两根位于两边的纵梁和若干根横梁组成，用铆接法或焊接法将纵梁与横梁连接成坚固的刚性构架。边梁式车架根据汽车总体结构布置的需要，可制成前宽后窄、前窄后宽、前后等宽等形式，如图 2-1 所示。载重汽车大多采用前后等宽式，这是为了简化制造工艺，避免纵梁宽度转折处应力集中，提高车架的使用寿命。

> **特别提示**
>
> 边梁式车架的结构特点是便于安装车身（包括驾驶室、车厢及一些特种装备等）和布置其他总成，有利于改装变型车和发展多品种汽车。因此在货车和大多数的特种汽车上广泛采用。

2）中梁式车架

中梁式车架由一根位于中央贯穿前后的纵梁和若干根横向悬伸托架组成，也称脊骨式车架。如图 2-2 所示，中梁的断面可做成管形或箱形，传动轴由中梁内孔通过。纵梁的前端做成叉形支架，用来安装发动机。主减速器壳固定在中梁的尾端。

中梁式车架质量轻、重心低、刚度和强度较大、行驶稳定性好，并且车轮运动空间足够大，前轮转向角大，便于采用独立悬架系统，适用于闭式传动轴。但这种车架制造工艺复杂，精度要求高，维护不便。

3）综合式车架

综合式车架（图 2-3）是综合边梁式车架和中梁式车架的结构特点形成的。纵梁前后段类似边梁式结构，用以安装发动机；中部采用中梁式结构，传动轴从中梁管内通过。由于安装门车门槛的位置附近没有边梁的影响，所以可使底板的外侧高度有所降低。其缺点是中间梁的断面尺寸大，易造成底板中部的凸起。另外，不规则的结构也增加了车架的制造难度。

项目二 汽车底盘行驶系统检修

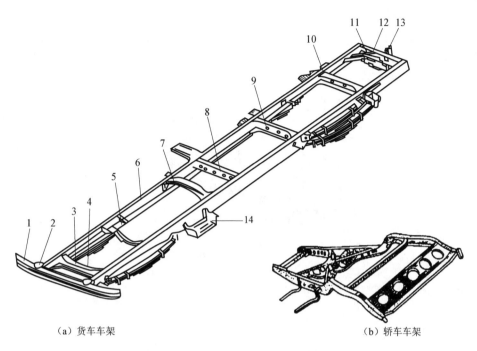

(a) 货车车架

(b) 轿车车架

图 2-1 边梁式车架的结构形式

1—保险杠；2—挂钩；3—前横梁；4—发动机前悬梁；5—发动机后悬置右（左）支架和横梁；6—纵梁；
7—驾驶室后悬置横梁；8—第四横梁；9—后钢板弹簧前支架横梁；10—后钢板弹簧后支架横梁；
11—角撑横梁组件；12—后横梁；13—拖曳部件；14—蓄电池托架

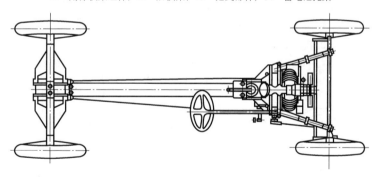

图 2-2 中梁式车架的结构形式

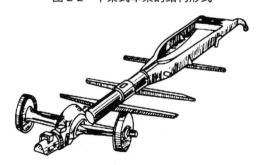

图 2-3 综合式车架的结构形式

| 89 |

4）承载式车架

许多轿车和公共汽车没有单独的车架，而以车身代替车架，主要部件安装在车身上，称为承载式车身，如图2-4所示。这种结构的车身底板用纵梁和横梁进行加固，车身刚度较好，质量较轻，但制造要求高。

图2-4 承载式车身的结构形式

二、车桥

1. 车桥的作用

汽车车桥又称车轴，通过悬架与车架或承载式车身相连接，两端与左、右车轮连接。它的基本作用是安装车轮和悬架及传递车架与车轮之间的各种作用力。为实现上述功用，车桥必须满足：有足够的强度和刚度、传力可靠、保证悬架和车轮安装定位等。

2. 车桥的分类

根据悬架结构形式，车桥可分为非断开式车桥和断开式车桥两种，如图2-5所示。

视频2-1 识别驱动桥

视频2-2 识别支持桥

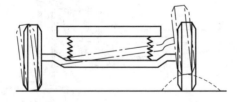
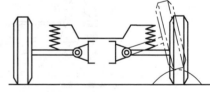

（a）非断开式　　　　　　　　　　（b）断开式

图2-5 车桥的分类

根据作用，车桥可分为转向桥、驱动桥、转向驱动桥和支持桥四种类型。非断开式与非独立悬架配合使用，断开式与独立悬架配合使用。转向桥和支持桥都属于从动桥，一般货车前桥多为转向桥，后桥或中、后两桥为驱动桥，越野汽车的前桥为转向驱动桥，挂车的车桥为支持桥。

1）转向桥

转向桥利用其轴端起铰链作用的转向节，使车轮在一定的偏转角度范围内实现汽车的转向。它除了承受汽车上下颠簸产生的垂直载荷外，还承受驱动、制动和转弯行驶时产生的纵向力和横向力，以及由这些力引起的力矩。由于转向桥大多位于汽车的前部，所以也常称作前桥。

转向桥主要由转向节、前轴、主销和轮毂等部分组成,如图2-6所示。

(1)转向节。转向节由上、下两叉和支承轮载的轴构成,两叉制有安装主销的同轴孔,孔内压入青铜套或尼龙衬套,在衬套上开有润滑油槽。转向节轴上有两道轴颈,内大外小,用来安装内外轮毂轴承。靠近两叉根部有呈方形的凸缘,其上的通孔用来固定制动底板。一般在左、右转向节的下叉上各有一个带键槽的锥孔,分别安装左、右梯形臂,在左转向节的上叉上也有一个带键槽的锥孔,用以安装转向节臂。转向节的周边结构如图2-7所示。

(2)前轴。前轴是由钢材锻造而成,一般采用工字形断面,两端略成方形,前轴中部向下凹,两端向上翘起呈拳形,其中有通孔,主销插入孔内可将前轴与转向节铰接,如图2-8所示。前轴上平面有两处用以支承钢板弹簧的加宽面,其上钻有安装U形螺栓的通孔和钢板弹簧定位坑。

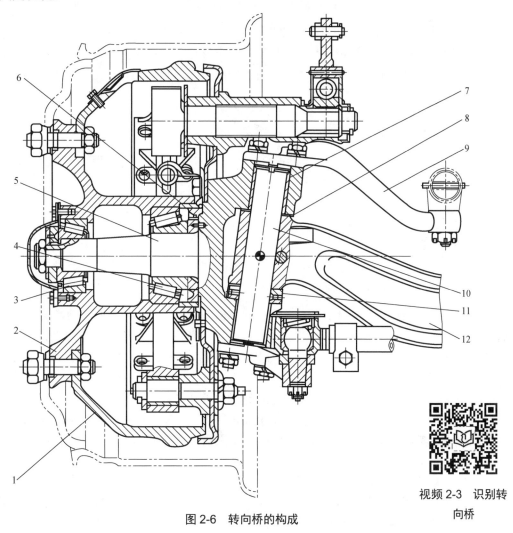

图2-6 转向桥的构成

1—制动鼓;2—轮毂;3、4—轮毂轴承;5—转向节;6—油封;
7—衬套;8—调整垫片;9—转向节臂;10—主销;11—推力轴承;12—前轴

视频2-3 识别转向桥

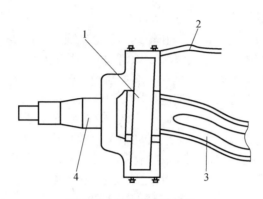

图 2-7 转向节周边结构

1—主销；2—转向节臂；3—前桥；4—转向节

（3）主销。主销的作用是铰接前轴与转向节，使转向节绕着主销摆动以实现车轮转向。常见的主销形式有实心圆柱形、空心圆柱形、圆锥形和阶梯形四种，主销中部一般都切有四槽，如图 2-9 所示，通过带螺纹的楔形销将主销固定在前轴拳部孔内，使之不能转动。

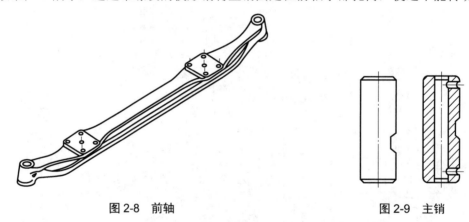

图 2-8 前轴　　　　　　　　　　图 2-9 主销

（4）轮毂。轮毂用于连接制动鼓、轮盘和半轴凸缘，它通过内外两个圆锥滚柱轴承装在转向节轴颈上。轴承的松紧度可通过调整螺母加以调整，调整后用锁紧垫圈锁紧。在轮毂外端装有端盖，以防止泥水和尘土浸入，内侧装有油封、挡油盘，以防止润滑油进入制动器。

2）转向驱动桥

转向驱动桥既有一般驱动桥具有的主减速器、差速器和半轴等，也有一般转向桥具有的转向节和主销等。为了满足既能转向又能驱动的需要，与车轮相连的半轴必须分成两段，即与差速器相连的内半轴和与轮毂相连的外半轴，两者之间用等速万向节连接，转向驱动桥的结构如图 2-10 所示。

另外，主销也同样分制成上、下两段，固定在万向节的球形支座上，转向节轴制成中空，以便外半轴从中穿过。该结构广泛应用于全轴驱动的越野汽车和部分轿车上，既满足了转向的需要，又实现了转向节传递转矩的功能。

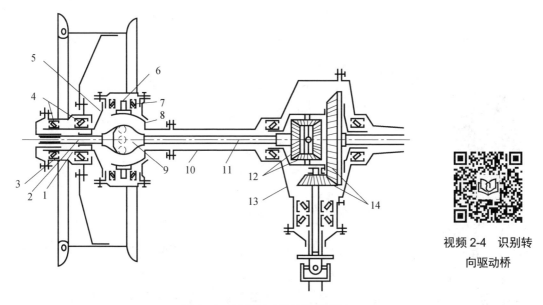

图 2-10 转向驱动桥结构示意图

1—转向节轴；2—外半轴；3—轮毂；4—轮毂轴承；5—转向节壳体；6—主销；7—主销轴承；
8—球形支座；9—万向节；10—半轴套管；11—内半轴；12—差速器；13—主减速器壳；14—主减速器

视频 2-4 识别转向驱动桥

3. 四轮定位

1）转向轮定位

为了保证汽车直线行驶的稳定性和操纵的轻便性，减少轮胎和其他机件的磨损，转向车轮、转向节、前轴三者与车架的安装应保持一定的相对位置关系，这种安装位置称为转向轮定位，也称前轮定位。

简单来说，转向轮定位的作用就是保证转向后，转向轮可以自动回正。转向轮定位包括主销后倾、主销内倾、前轮外倾和前轮前束四个参数。

（1）主销后倾角 γ。如图 2-11 所示，主销有一定的后倾角，使主销延长线与地面的交点 a 向前偏移了一段距离 l，转向后地面作用在车轮上的侧向力对主销形成一个转矩，该转矩具有使前轮回正的作用。

（2）主销内倾角 β。在汽车的横向平面内，在设计转向桥时，主销在汽车的横向平面内，其上部向内倾斜一个 β 角（即主销轴线与地面垂直线在汽车横向平面内的夹角），该角称为主销内倾角，如图 2-12 所示。

主销内倾角 β 也有使车轮自动回正的作用。主销的内倾角使得主销轴线与路面交点到车轮中心平面与地面交线的距离 C 减小，从而可减少转向时驾驶员加在转向盘上的力，使转向操纵轻便，同时也可减小从转向轮传到转向盘上的冲击力。

（3）前轮外倾角 α。从车前后方向看车轮，轮胎并非垂直安装，而是稍微倾斜。在汽车的横向平面内，前轮中心平面向外倾斜一个角度 α 称为前轮外倾角，如图 2-13 所示。

前轮外倾的作用是使轮胎磨损均匀和减轻轮毂外轴承的负荷，安装车轮时预定一定的外倾角，以防止车轮内倾。外倾角也不宜过大，否则会使轮胎产生偏磨损。

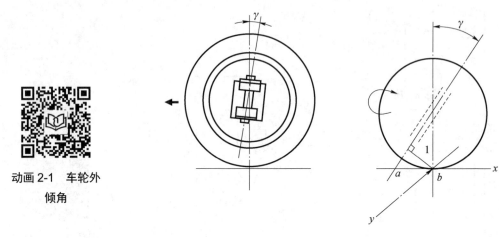

动画 2-1 车轮外倾角

图 2-11 主销后倾角

(4) 车轮前束。有了外倾角 α 后，在滚动时就类似于滚锥，导致两侧车轮向外滚开。由于转向横拉杆和车桥的约束，车轮不致向外滚开，而是出现边滚边向内滑的现象，从而增加了轮胎的磨损。

为了消除车轮外倾带来的这种不良后果，在安装车轮时，汽车两前轮的中心面不要平行，两轮前边缘距离 B 小于后边缘距离 A，A 与 B 之差称为前轮前束，如图 2-14 所示。

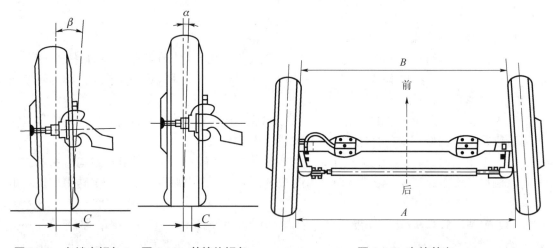

图 2-12 主销内倾角 β　　图 2-13 前轮外倾角 α　　图 2-14 车轮前束

2) 后轮定位

(1) 后轮外倾角。像前轮外倾角一样，后轮外倾角也对轮胎磨损和操纵性有影响。理想状态是四个车轮的运动外倾角均为零，这样轮胎和路面接触良好，从而得到最佳的牵引性能和操纵性能。采用独立后悬架的大多数车辆常有一个较小的后轮外倾角。

(2) 后轮前束。如同前轮前束一样，后轮前束也是后轮定位的一个重要项目。如果前束不当，后轮轮胎也会被擦伤，并且会引起转向不稳定及降低制动效能。独立悬架的后驱动轮应尽可能为前束。

任务实施

1. 主要内容及目的

前轮前束的检调。

2. 技术标准及要求

(1) 按正确的操作步骤进行拆装与检查。
(2) 有关技术参数必须符合维修技术标准要求。
(3) 操作规范，安全文明作业。
(4) 能正确检调前轮前束。

3. 实训设备与器材

汽车1台，卷尺1把，管钳1把，维修工具1套，粉笔适量，千斤顶1个，车轮挡块4块。

4. 操作步骤及工作要点

1) 调整前初检项目
(1) 左、右两前轮轮胎花纹磨损应一致，气压符合规定要求。
(2) 两前轮的轮毂轴承预紧度应符合技术要求且不得松旷。
(3) 两前轮的转向节主销不得松旷。
(4) 转向传动机构（横拉杆）各部件不得松旷。

2) 检测
(1) 将汽车停放在水平路面上并处于直线行驶位置。
(2) 用千斤顶将汽车前桥牢靠支起，且使两个前轮离地登高。
(3) 在左、右前轮胎的正前方胎冠中心处，相对于转向节轴颈中心高度的同一位置分别做一记号，并用卷尺测出 B 值；
(4) 转动车轮180°，将记号转于正后方同一高度再用卷尺测出 A 值，其差值（$A-B$）即为前束值，前束值应符合表2-1所示的规定值，若不符合则应调整。

表2-1 各种车型的前束值

车型	前束值/mm	车型	前束值/mm
CA1092	2～6	夏利	5
EQ1090E	1～5	依维柯	0
BJ1021S	1～4	奥迪100	0.5～1
BJ2022	3～5	桑塔纳	−3～−1
JN1150	6～8	切诺基	0.55～4.55
NJ1050	1.5～3	标致	1～3

3)调整

前束的调整可通过改变横拉杆的长度来进行,如图2-15所示。

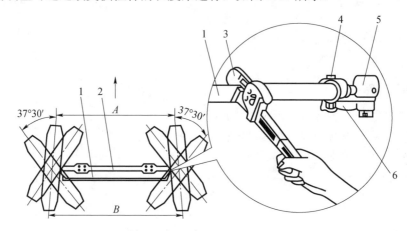

图 2-15 前轮前束的调整

1—转向横拉杆;2—转向桥;3—管钳;4—卡箍;5—转向球节;6—转向梯形臂

(1) 首先拧松横拉杆两端插头的锁紧螺栓。

(2) 因横拉杆两端插头的左端为左旋螺纹,右端为右旋螺纹,故调整时应注意横拉杆的转动方向。

(3) 若前束值过大,则用管钳卡住横拉杆中心部位,向下扳动扳手;若前束值过小,则用管钳卡住横拉杆中心部位向上扳动扳手,直至前束值合适为止。

(4) 调好后再拧紧锁紧螺栓,其锁紧螺栓扭矩为44～59 N·m,最后检查调整结果。

> **知识拓展**

汽车车身焊接的新技术

1. 激光拼焊板技术

拼焊板是将几块不同材质、不同厚度、不同涂层的钢材焊接成一块整体板,再经过冲压设备落料、拉延、冲孔、整形而形成冲压件,从而达到承载不同板厚的设计要求。拼焊板工艺主要是为汽车行业进行配套服务,尤其在车身零部件生产、制造和设计方面,采用激光拼焊板可以给汽车制造业带来巨大的经济效益。例如,车身装配中的大量点焊,焊钳在工件边缘上进行焊接,搭接宽度需要16mm,而激光拼焊板无须搭接,将点焊改为激光拼焊技术可以节省钢材。

2. 激光-MIG复合焊技术

激光焊与电弧焊是两种不同的焊接工艺,激光焊是通过光纤将能量传输到工件上,而电弧焊则是通过弧柱传输能量。激光焊的热影响区非常窄,焊缝的深宽比较高,具有较高的焊接速度。但由于焦点直径很小,所以焊缝"搭桥"能力很差。激光-MIG复合焊技术是将这两种焊接技术有机结合起来,激光束和电弧同时作用于焊接区,互相影响和支持,从而获得优良的综合性能,在改善焊接质量和生产工艺性的同时,也提高了效率成本比,为铝车身的焊接提供一种全新的焊接工艺。激光热丝钎焊可以减少车身焊点数目、优化材料用量、降低零件重量、提高尺寸精度，既降低了板材使用量也提高了车体的刚度，同时降低车身重量，符合汽车轻量化的发展趋势，但是激光焊接系统的高昂价格制约了它的应用。

3. 机器人应用技术

按照在焊装车间的用途机器人可以分为点焊机器人、弧焊机器人、涂胶机器人、螺柱焊机器人、装配及持件机器人和激光焊接机器人。点焊机器人是由机器人操纵各种点焊焊钳，实施点焊焊接。机器人可以操纵大型焊钳，对地板等零件进行点焊，焊点质量高，焊接速度快，而且质量稳定。弧焊机器人是由机器人操纵弧焊焊炬，可以很方便地进行仰焊、立焊等各种位置的焊接。但是机器人弧焊对零件匹配要求较高，当零件间隙不均匀或者不平整时，就会产生焊接缺陷。涂胶机器人是由机器人操纵涂胶枪，在车顶天窗、地板、侧围、四门两盖和总拼调整工位涂敷点焊胶、折边胶、密封胶及减振胶，可以精确地控制胶的流量，进行各种复杂的形状和空间位置的涂敷，涂敷速度快且质量好。

4. 中频点焊技术

中频点焊技术是近两年发展起来的最新的焊接技术。它是利用逆变技术将工频电转化为1000Hz的频电，焊钳采用一体化焊钳，变压器为中频变压器。它具有以下特点：能够满足焊接铝、不锈钢和带镀层的钢板，在降低生产成本的同时对加工设备和焊接质量及其稳定性都提出了更高要求；中频技术的经济性体现在提供对称的电网负载，因而降低了电网成本；优化功率系统，节省能源消耗；缩短了焊接时间，降低了电流负荷，因此提高了电极使用寿命。

5. 脉冲GMAW（P-GMAW）焊技术

脉冲GMAW（P-GMAW）焊是国外近几年发展起来的一种新型的高效、高速的焊接工艺，容易与机器人配合，能充分体现高效化焊接的特点，实现机器人系统在空间可达性和焊接速度之间的协同和完美组合。P-GMAW电弧过程具有很好的稳定性，能有效保证焊缝质量的一致性，改善了由于短路过渡焊接过程较低的热输入而造成的熔深不足。P-GMAW的射流过渡方式适用于薄板材料的高速焊接、钢或铝合金的车身框架的全位置焊接。

6. TOX板件冲压连接技术

TOX板件冲压连接技术是基于表面镀层材料的广泛应用及异种材料的连接而研制开发的一种新的连接技术。它利用一个简单的原型凸模，在TOX气液增压器式冲压设备上，通过一个冲压过程，即可将被连接的板件挤压进相应的凹模，在进一步的挤压作用下，凸模侧的板件材料挤压凹模侧的板件材料，使其在凹模内"流动"变形，如此即可产生一个既无棱边，又无飞边的铆接点，可实现多层板的连接。原有漆层或镀层也随之"流动"变形，不会损坏，不影响板件的抗腐蚀性。

7. 焊装线的虚拟设计技术

汽车焊装线是将各车身冲压零件装配焊接成白车身的焊接生产线，后围、地板和顶盖等焊接分总成及白车身总成线。为了减少实际制造过程中的失误率及劳动强度，降低制造成本，虚拟设计技术孕育而生。虚拟设计的内容包括工艺整体规划（土建、公用、机械化、工艺分析）、工厂整体及局部的物流分析、运动轨迹分析、生产单元布局设计仿真、焊接过程仿真、装配工艺过程仿真、机器人生产线仿真、干涉模拟和人机工程分析等。工厂整体及局部的物流分析能够促使车间物流更加趋于合理，节约资源。

故障案例

1. 前桥疲劳损伤、裂纹或断裂故障

(1) 现象：发现前桥疲劳损伤、有裂纹或断裂。

(2) 原因：金属疲劳。

(3) 维修：应及时更换新件。

2. 前桥在垂直方向产生弯曲变形故障

(1) 现象：发现前桥在垂直方向弯曲变形。

(2) 原因：前桥在垂直方向承受来自地面的反力很大，易产生弯曲变形，会改变主销内倾角、车轮外倾角，会使柴油车转向沉重，轮毂轴承负荷增大，降低使用寿命。

(3) 维修：应及时校正前横梁。

3. 前桥在水平方向产生弯曲变形故障

(1) 现象：发现前桥在水平方向弯曲变形。

(2) 原因：前桥在水平方向承受来自地面的制动力时易产生弯曲变形，会改变前轮前束，会增大轮胎磨损。

(3) 维修：应及时校正前横梁。

4. 前桥产生扭转变形故障

(1) 现象：发现前桥产生扭转变形。

(2) 原因：前桥产生扭转变形会改变主销后倾角，影响前轮行驶稳定性。

(3) 维修：适情更换前横梁或进行校正修理。

5. 前桥轴头发热故障

(1) 现象：行驶中发现前桥轴头发热。

(2) 原因：轴头发热一般发生在修理保养之后，往往是在装配轮毂时，轴承预压过紧使轴承配合过紧所致。轮毂轴承损坏或点蚀不仅会发热而且会有噪声。轮毂轴承缺油也会造成轴头发热的故障。

(3) 维修：检查轴承配合松紧和轮毂轴承是否缺油。

6. 主销衬套、主销、止推轴承磨损故障

(1) 现象：方向沉重，操纵不稳。

(2) 原因：主销衬套、主销、止推轴承磨损、松旷，会影响前轮定位，降低操纵稳定性。

(3) 维修：应更换磨损件并重新进行前轮定位。

任务二 车轮及轮胎故障检修

情境描述

王先生驾驶一辆桑塔纳轿车高速行驶时,车内噪声大,转向盘颤动严重,降低速度后颤动减轻,但行驶方向不易控制,出现行驶跑偏、轮胎异常磨损故障。王先生要求检查并排除该故障,我们作为维修技工,需要根据维修手册,使用工具,参考相关资料排除故障,制订维修计划,修复该车辆,并提出合理化使用建议,最终在检验合格后交付前台。

相关知识

一、车轮

车轮是介于轮胎和车桥之间承受负荷的旋转组件,其功用是安装轮胎,承受轮胎与车桥之间的各种载荷的作用。

车轮一般是由轮毂、轮辋和轮辐组成。轮毂通过圆锥滚子轴承装在车桥或转向节轴径上,用于连接车轮与车桥。轮辋用于安装和固定轮胎。轮辐用于将轮毂和轮辋连接起来,并通过螺栓与轮毂连接起来。

视频 2-5 识别轮毂

1. 轮辐

按轮辐结构的不同,车轮可以分为两种形式:辐板式车轮和辐条式车轮。

1)辐板式车轮

目前,普通轿车和轻、中型货车普遍采用辐板式车轮,如图 2-16 所示,由挡圈、轮辋、辐板和气门嘴伸出口组成。车轮中用以连接轮毂和轮辋的钢质圆盘称为辐板,辐板大多是冲压制成的,少数是和轮毂铸成一体,后者主要用于重型汽车。

2)辐条式车轮

按辐条结构的不同,辐条式车轮又分为钢丝辐条式车轮和铸造辐条式车轮,如图 2-17 所示。钢丝辐条式车轮的结构与自行车车轮完全一样,其价格昂贵、维修安装不便,因此仅用于赛车和某些高级轿车上。另外,辐条式车轮还不能与无内胎轮胎组合使用。铸造辐条式车轮常用于重型货车上,辐条与轮毂铸成一体,轮辋是用螺栓和特殊形状的衬块固定在辐条上,为了使轮辋和辐条很好地对中,在轮辋和辐条上都加工出配合锥面。

2. 轮辋

轮辋的类型和结构。

轮辋用于安装和固定轮胎，其常见的结构形式有深槽轮辋、平底轮辋和对开式轮辋，如图 2-18 所示。此外，还有半深槽轮辋、深槽宽轮辋、平底宽轮辋和全斜底轮辋等。

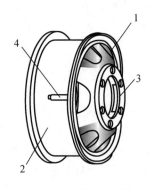

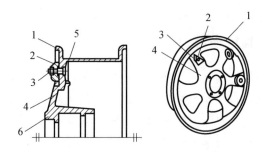

图 2-16　辐板式车轮　　　　　　　　图 2-17　辐条式车轮

1—挡圈；2—轮辋；3—辐板；4—气门嘴伸出口　　1—轮辋；2—衬块；3—螺栓；4—辐条；5—配合锥面；6—轮毂

 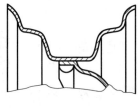 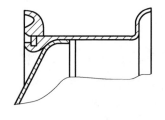 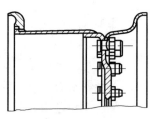

视频 2-6
识别轮辋　　　　（a）深槽轮辋　　　　　　（b）平底轮辋　　　　　　（c）对开式轮辋

图 2-18　轮辋的常见结构形式

（1）深槽轮辋。这种轮辋主要用于轿车（如红旗牌轿车）及轻型越野车（如 BJ2020）。它有带肩的凸缘，用以安放外胎的胎圈，其肩部通常略向中间倾斜，其倾斜角一般为 5°±10°。

（2）平底轮辋。这种轮辋的结构形式很多，是货车常用的一种形式。挡圈是整体的，且用一个开口锁圈来防止挡圈脱出，在安装轮胎时，先将轮胎套在轮辋上，而后套上挡圈，并将它向内推，直至越过轮辋上的环形槽，最后将开口的弹性锁圈嵌入环形槽中。

（3）对开式轮辋。这种轮辋由内、外两部分组成，其内、外轮辋的宽度可以相等，也可以不相等，二者用螺栓连成一体。拆装轮胎时拆卸螺栓上的螺母即可。挡圈是可拆的，有的无挡圈，而由与内轮辋制成一体的轮缘代替，内轮辋与辐板焊接在一起。

近几年来，为了适应提高轮胎负荷能力的需要，国内外均朝宽轮辋的方向发展，如美国的货车已全部采用宽轮辋，欧洲各国也在积极普及宽轮辋，我国也在进行由窄轮辋向宽轮辋的过渡。实验表明，采用宽轮辋可以提高轮胎的使用寿命，并可改善汽车的通行性和行驶稳定性。

二. 轮胎

1. 轮胎的功用与类型

1）轮胎的功用

轮胎由橡胶制成，安装在轮辋上，并与轮辋组成车轮与地面接触，其功用如下。

视频 2-7
识别轮胎

（1）支撑汽车及货物的总重量。

（2）保证车轮和路面的附着性，以提高汽车的牵引性、制动性和通过性。

（3）与汽车悬架一同减少汽车行驶中所受到的冲击，并衰减由此而产生的振动，以保证汽车有良好的乘坐舒适性和平顺性。因此，轮胎内部通常充有气体，以具有一定的承受载荷的能力和适宜的弹性；轮胎的外部有较复杂的花纹，以提高与路面的附着性。

2）轮胎的类型

按照轮胎的花纹，轮胎可分为普通花纹轮胎、越野花纹轮胎和混合花纹轮胎。

按照轮胎胎体帘布层，轮胎可分为斜交轮胎和子午线轮胎。

按照轮胎的充气压力，轮胎可分为高压胎（0.5～0.7MPa）、低压胎（0.15～0.45MPa）和超低压胎（0.15MPa 以下）。低压胎弹性好、断面宽、接地面积大、壁薄散热好，提高了汽车行驶的平顺性和稳定性及轮胎的使用寿命，因此汽车上几乎全部都使用低压胎。

按照保持空气方法的不同，轮胎可分为有内胎轮胎和无内胎轮胎。

2. 轮胎的结构

普通充气轮胎由外胎、内胎和垫带组成，如图 2-19 所示，使用时安装在汽车车轮的普通可拆卸轮辋上。内胎中充满压缩空气，外胎用来保护内胎不受损伤且具有一定弹性，垫带放在内胎下面，防止内胎与轮辋硬性接触受损伤。

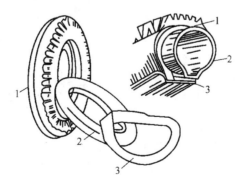

图 2-19 轮胎的结构

1—外胎；2—内胎；3—垫带

1）外胎

外胎是轮胎的框架。它必须具有足够的刚性，以阻止高压空气外泄，又必须具有足够的弹性,以吸收载荷的变化和冲击。它由许多层与橡胶黏接在一起的轮胎帘线(多股平行的高强度材料层)构成。

外胎由胎面、帘布层、缓冲层和胎圈四部分组成,如图2-20所示。

(1) 胎面。胎面的外部是橡胶层,保护胎体免受路面造成的磨损。由胎冠、胎侧、胎肩组成。胎面与路面直接接触,产生摩擦阻力、驱动力和制动力。为增加轮胎的附着力,避免轮胎纵横向打滑,胎冠制有各种花纹。轮胎花纹主要有普通花纹、混合花纹和越野花纹。

(2) 帘布层。帘布层是外胎的骨架,主要用于承受载荷,保持外胎的形状和尺寸,并使其具有足够的强度。帘布层通常由成双数的多层帘布用橡胶贴合而成,相邻层的帘线交叉排列。帘布层数越多,轮胎的强度越大,但弹性下降。帘线可以是棉线、人造丝、尼龙和钢丝。

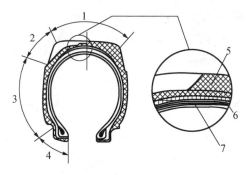

图2-20 外胎的结构图

1—胎冠;2—胎肩;3—胎侧;4—胎圈;5—胎面;6—帘布层;7—缓冲层

按照帘布层帘线排列方式的不同,外胎可以分为斜交轮胎和子午线轮胎。斜交轮胎(图2-21(a))帘布层的帘线按一定的角度交叉排列,帘线与轮胎横断面的交角通常为50°。子午线轮胎(图2-21(b))帘布层帘线排列的方向与轮胎横断面一致,即垂直于轮胎胎面中心线,类似于地球仪上的子午线。子午线轮胎胎侧比斜交线轮胎软,在径向上容易变形,可以增加轮胎的接地面积,即使在充足气后,两侧壁上也有一个特殊的凸起部。目前轿车上几乎都装用子午线轮胎。

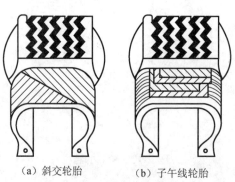

(a) 斜交轮胎　　(b) 子午线轮胎

图2-21 轮胎的分类

与普通斜交轮胎相比,子午线轮胎质量轻,轮胎弹性大,减振性能好,具有良好的附着性能,滚动阻力小,承载能力大,行驶中胎温低,胎面耐穿刺,轮胎使用寿命长。其缺点是轮胎成本高，胎侧变形大，容易产生裂口，并且侧向稳定性差。

(3) 缓冲层。缓冲层夹在胎面和帘布层之间，由两层或数层较稀疏的帘布和橡胶制成，弹性较大。其作用是加强胎面与帘布层之间的结合，防止汽车紧急制动时胎面与帘布层脱离，同时缓和汽车行驶时所受到的路面冲击。

(4) 胎圈。胎圈由钢丝圈、帘布层包边和胎圈包布组成，有很大的刚度和强度，可以使外胎牢固地安装在轮辋上。

2) 内胎

内胎是装入外胎内部的一个环形橡胶管，外表面很光滑，上面装有气门嘴，以便充气。

3) 垫带

垫带是一个环形橡胶带，它垫在内胎和轮辋之间，保护内胎不被轮辋和胎圈磨损。

3. 常见轮胎品牌和轮胎规格的表示方法

1) 常见轮胎品牌

常见的轮胎品牌有 Bridgestone 普利司通（日）、Dunlop 邓禄普（英）、Firestone 凡世通（日）、Goodyear 固特异（美）、Hankook 韩泰（韩）、Kumho 锦湖（韩）Michelin 米其林（法）、Pirelli 倍耐力（意）等。

2) 轮胎规格的表示方法

(1) 斜交轮胎的规格。斜交轮胎规格的表示方法：B-d，单位 in（英寸）。例如，9.00-20 表示轮胎断面宽度为 9.00 英寸、轮胎内径为 20 英寸的斜交轮胎。

(2) 子午线轮胎的规格。例如：195/60R 14 85 H（上海桑塔纳 2000GSi 轿车轮胎）其中，

195——轮胎断面宽度 195mm。货车子午线轮胎的宽度一般用英寸（inch）为单位。

60——扁平比为 60%。

扁平比为轮胎高度 H 与宽度 B 之比，扁平比有 60、65、70、75、80 五个级别。

R——子午线轮胎，即"Radial"的第一个字母。

14——轮胎内径 14 英寸（inch）。

85——荷重等级，即最大载荷质量。荷重等级为 85 的轮胎的最大载荷质量为 515kg。

H——速度等级，表明轮胎能行驶的最高车速。H 的最高车速为 210km/h。

知识拓展

关于轮胎中其他常见的表示：

P——轿车轮胎，
REINFORCED——经强化处理，
TUBELESS（或 TL）——无内胎（真空胎），
M + S（Mud and Snow）——适于泥地和雪地。
→——轮胎旋向，不可装反。

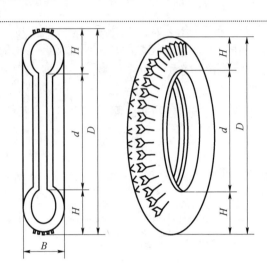

图 2-22 轮胎尺寸标记

D—轮胎外径；d—轮胎内径；H—轮胎断面高度；B—轮胎断面宽度

 任务实施

1. 主要内容及目的

掌握轮毂轴承预紧度的调整工艺。

2. 技术标准及要求

（1）按照正确的操作步骤进行检查与调整。

（2）有关技术参数必须符合维修技术标准要求。

（3）操作规范，安全文明作业。

3. 实训设备与器材

汽车 1 台，千斤顶 1 个，车轮挡块 4 块，专用抽头扳手（前或后）1 个，维修工具 1 套，轮胎扳手 1 个，撬棍 1 根，润滑脂适量。

4. 操作步骤及工作要点

前轮毂轴承预紧度的调整（图 2-23）和后轮毂轴承预紧度的调整（图 2-24）基本相同，下面以前轮毂轴承预紧度的调整为例进行讲解。

1）拆卸分解

车辆停在平坦地面上，拉紧制动手柄，变速器挂倒挡，后轮用挡块挡住。

（1）用千斤顶将汽车前桥支起牢靠，拆下轮胎螺母，将车轮拆下。

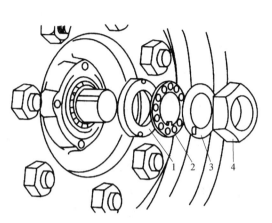 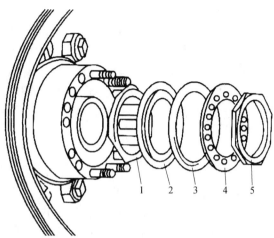

图 2-23　前轮毂轴承预紧度的调整　　　　　图 2-24　后轮毂轴承预紧度的调整

1—挡灰盖；2—衬垫；3—止动垫；4—锁紧螺母　　　1—调整螺母；2—挡灰盖；3—衬垫；4—止动垫；5—锁紧垫圈

注意：右侧车轮为右旋螺纹，左侧车轮为左旋螺纹。

（2）拆下挡灰盖螺栓，取下挡灰盖及衬垫（EQ1090E 和 CA1091 型汽车）；拧下前轮毂盖（BJ130 型汽车）。

（3）剃平止动垫圈，依次拆下锁紧螺母、止动垫、锁紧垫圈和调整螺母（EQ1090E 和 CA1091 型汽车），拆下开口销，拧下调节螺母及锁紧垫圈（BJ130 型汽车）。

（4）转动制动鼓，同时向外拉，拉出一段距离后，将制动鼓往里推到底，取出轮毂外轴承，然后取下制动鼓和轮毂总成。

（5）取下轮毂内轴承及轮毂油封。

2）检查和清洗零件

对拆下的轮毂合件、轴承、油封、锁紧螺母、调整螺母和锁紧、止动垫圈等进行必要的清洗及检查。

视频 2-8
车轮拆装

3）装配

（1）将轮毂内轴承涂上润滑脂，连带油封装到转向节轴上。

（2）将轮毂制动鼓合件装到转向节轴上，装上涂满润滑脂的轮毂外轴承。

4）调整

（1）BJ130 型汽车：

① 装上锁紧垫圈、止动垫圈，拧上调节螺母。

② 以 100～300N·m 的拧紧力矩旋紧调节螺母，然后回退 1/4～1/3 圈，正、反方向转动轮毂应灵活，无卡滞、松动现象，装上开口销。

③ 装上前轮毂盖子，拧紧螺栓，装上车轮，以 100～200 N·m 的力矩拧紧螺栓。

（2）EQ1090E，CA1092 型汽车：

① 装上调整螺母，首先以 196～245N·m 的力矩拧紧调整螺母，在拧紧的过程中应正、反两个方向转动轮毂，使轴承滚子与内、外圆锥面处于正确接触位置，然后将调整螺母退回约 1/5 圈，使调整螺母上的止动销与销环上邻近的孔相配合，此时轮毂应能自由转动，无明

显摆动现象。

② 装上锁紧垫圈（锁环）、止动垫圈、锁紧螺母，并以 196~245 N·m 的力矩拧紧，用锁紧止动垫将锁紧螺母锁紧。

③ 装上挡灰盖及密封垫，并用螺钉对角均匀拧紧。

④ 装上车轮，并对角均匀拧紧轮胎螺栓的螺母。

知识拓展

更换轮胎

在更换轮胎的时候可能很少有人注意到，每条新轮胎的胎壁上除了有常见的厂家和型号标识外，大都还会有两个带颜色的小标记。一般是一个实心红色的圆点和一个黄色圆点或者圆圈。一般用户在购买新轮胎并安装时很少会注意到这个细节，并且很多的轮胎销售店也不会给客户介绍这两个点的作用，因此很多用户会忽略这两个点的存在。

一般实心的红点代表的是轮胎纵向刚性的最大点，简单地说就是这个实心红点是这条轮胎在转动一圈时振动最大的点。轮胎与地面接触旋转一圈，在不同的角度承受的振动力是不同的，这种现象称为 RFV（Radial Force Variation，径向力变化）。当 REV 值过大，轮胎在旋转时就会产生振动。黄色圆点或者圆圈，又称为轻点标记，表示该部位是这条轮胎圆周上最轻的地方。大家都知道，车轮由三个部分组成，即轮胎、轮毂和气门嘴，因为轮毂上要安装气门嘴，所以轮毂上对应气门嘴的位置会是这个轮毂全圆周上最重的点，而将轮毂上最重的点正对着轮胎上最轻的点，也就是那个黄色圆点或者圆圈的位置，那么它们就会起到一个互补的作用，可使这个车轮圆周上的重量分布趋于平衡。

 故障案例

1. 胎侧伤

原因：多有猛烈撞击或擦蹭所致。

2. 胎侧起包

原因：由侧部的帘线断裂而引起，或由马路牙和超越障碍物等猛烈的冲击、碰撞、挤压而造成。

3. 胎圈割裂

原因：主要是使用扒胎机型号不对或操作不当引起。

4. 胎冠的割伤和扎伤

原因：主要是路上的障碍物所致（如铁钉、螺丝、玻璃等）。

5. 轮胎的中间磨损

原因：因为气压过高所致。

6. 轮胎胎面的块状磨损

原因：主要是因为轮胎的静态不平衡和后轮前束不良。

7. 胎面上小部分快速磨损

原因：主要由紧急制动和快速起步引起。

8. 半面轮胎的快速磨损

原因：一是轮胎和车轮偏心，二是车圈和轴偏心或弯曲。

9. 轮胎的多边形磨损。

原因：主要是车轮和轮胎偏心或弯曲、轮圈和轴偏心或弯曲、轴承和转向主销松动。

10. 轮胎的胎体变形。

原因：多数由于胎肩受力过猛造成带束层或钢带层的错位而变形。

11. 轮胎凸凹波状磨损。

原因：主要是动态不平衡和后轮前束不良引起。

12. 轮胎有平点。

原因：长时间停车不用所造成。

任务三　悬架的结构

情境描述

某汽车维修站接收一辆北京现代悦动轿车，根据车主反映，该车在高速行驶中方向盘振动感较强，严重影响行车速度。经维修接待初步检验为悬架故障。我们作为维修技工，需要根据维修手册，使用诊断检测仪器，参考相关资料排除故障，并在最终检验合格后交付前台。

相关知识

悬架的作用是把车桥和车架弹性地连接起来，吸收和缓和行驶中因路面不平引起的车轮跳动而传给车架的冲击和振动，传递路面作用于车轮的支持力、驱动力、制动力和侧向力及其产生的力矩。

一、悬架的组成

悬架一般都是由弹性元件、减振器和导向机构三部分组成，如图 2-25 所示，它们分别起着缓冲、减振、导向和传递力及力矩的作用。具体来说，弹性元件使车架（或车身）与车桥（或车轮）之间做弹性连接，可以缓和由于不平路面带来的冲击，并承受和传递垂直载荷。减振器可以衰减由于路面冲击产生的振动，使振动的振幅迅速减小。导向机构包括纵向推力杆和横向推力杆，用于传递纵向载荷和横向载荷，并保证车轮相对于车架（或车身）的运动关系。

视频2-9 识别导向机构

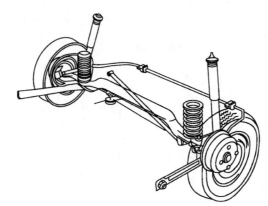

图2-25 悬架的组成

1. 弹性元件

汽车上常用的弹性元件包括钢板弹簧、螺旋弹簧、扭杆弹簧和气体弹簧等。

1）钢板弹簧

钢板弹簧广泛应用于汽车的非独立悬架中，其构造如图2-26所示。

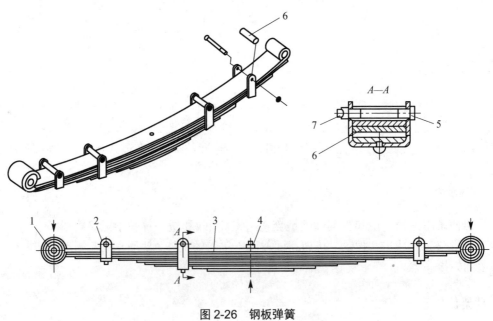

图2-26 钢板弹簧

1—卷耳；2—弹簧夹；3—钢板弹簧；4—中心螺栓；5—螺栓；6—套管；7—螺母

钢板弹簧由若干片长度不等的合金弹簧钢片叠加而成，构成一根近似等强度的弹性梁。最长的一片称为主片，其两端卷成卷耳，内装衬套，以便用弹簧销与固定在车架上的支架或吊耳作铰链连接。

各弹簧片用中心螺栓连接，并保证各片的相对位置。中心螺栓距两端卷耳中心的距离可以是相等的。为了防止汽车在行驶过程中各弹簧片分开，在钢板弹簧上装有若干弹簧夹，以免主片独自承载。弹簧夹通过铆钉与最下端弹簧片相连，弹簧夹两边通过螺栓相连，螺栓上有套管，装配时要求螺母朝向轮胎，以免螺栓脱落时刮伤轮胎，甚至飞崩伤人。

钢板弹簧在载荷作用下变形时，各片之间会因相对滑动而产生摩擦，这可以衰减车架的振动。但摩擦会加速弹簧片的磨损，因此在装配钢板弹簧时，各片之间要涂抹石墨润滑脂或装有塑料垫片以减少磨损。

2）螺旋弹簧

螺旋弹簧广泛应用于独立悬架，有些轿车的后轮为非独立悬架，也采用螺旋弹簧作弹性元件。但螺旋弹簧只能承受垂直载荷，且变形时不产生摩擦力，因此悬架中必须装有减振器和导向机构。

动画 2-2
螺旋弹簧

螺旋弹簧由特殊的弹簧钢棒卷制而成，如图 2-27 所示，可以制成圆柱形或圆锥形，也可以制成等螺距或不等螺距。圆柱形等螺距螺旋弹簧的刚度是不变的，圆锥形或不等螺距螺旋弹簧的刚度是可变的。

3）扭杆弹簧

扭杆弹簧是由弹簧钢制成的杆件，如图 2-28 所示。扭杆的断面通常为圆形，少数为矩形或管形，其两端制成花键、方形、六角形等形状，以便一端固定在车架上，另一端固定在悬架的摆臂上。摆臂与车轮相连，当车轮跳动时，摆臂绕扭杆轴线摆动，使扭杆产生扭转弹性变形，以保证车轮与车架的弹性联系。

4）气体弹簧

气体弹簧分为空气弹簧（图 2-29）和油气弹簧（图 2-30）两种。空气弹簧又有囊式[图 2-30（a）]和膜式[图 2-30（b）]两种形式。空气弹簧的结构、原理都很简单。

图 2-27 螺旋弹簧

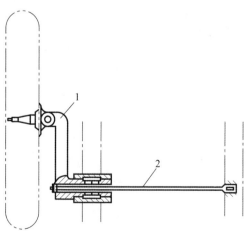

图 2-28 扭杆弹簧

1—摆臂；2—扭杆

油气弹簧的球形室固定在工作缸上,室的内腔用橡胶油气隔膜隔开,充入高压氮气的一侧为气室,与工作缸相通并充满油液的一侧为油室。工作缸内装有活塞、阻尼阀及其阀座。当载荷增加且车架与车桥相互靠近时,活塞上移,使工作缸内容积减小,油压升高,油液顶开阻尼阀进入球形室,推动隔膜向气室方向移动,使气室容积减少,氮气压力升高,油气弹簧的刚度增大。当载荷减小时,在高压氮气的作用下隔膜向油室方向移动,室内油液经阻尼阀流回工作缸,推动活塞下移,这时气室容积增大,氮气压力下降,弹簧刚度减小。当氮气压力通过油液传递作用在活塞上的力与载荷平衡时,活塞便停止移动。随着载荷的变化,气室内氮气也随之变化,活塞处于工作缸中不同位置。可见,油气弹簧具有刚度改变的特性。

视频 2-10 识别空气悬架

动画 2-3 两级压力式油气弹簧工作原理

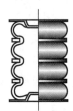

(a) 囊式空气弹簧

(a) 膜式空气弹簧

图 2-29 空气弹簧

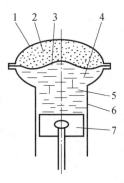

图 2-30 油气弹簧

1—球形室;2—气体;3—隔膜;4—油液;
5—阻尼阀;6—工作缸;7—活塞

2. 减振器

目前,汽车中广泛使用液压减振器,其基本原理如图 2-31 所示,当车架与车桥做往复相对运动时,减振器中的油液反复经过活塞上的阀孔,由于阀孔的节流作用及油液分子间的内摩擦力便形成了衰减振动的阻尼力,使振动的能量转变为热能,并由油液和减振器壳体吸收,然后散到大气中。

动画 2-4 双气室油气弹簧工作原理

动画 2-5 减振器工作原理

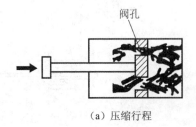

(a) 压缩行程   (b) 伸张行程

图 2-31 液压减振器的基本原理

阀门越大，阻尼力越小，反之亦然。相对运动速度越大，阻尼力越大，反之亦然。阻尼力越大，振动的衰减越快，但悬架弹性元件的缓冲效果不能发挥，乘坐也不舒适，因此弹性元件的刚度与减振器的阻尼力要合理搭配，才能保证乘坐舒适性和操纵稳定性的要求。

目前减振器主要有双向作用筒式减振器和充气式减振器两种，其中汽车上应用最广泛的是双向作用筒式减振器，近年来，有些高级轿车上也采用充气式减振器。

1) 双向作用筒式减振器

双向作用筒式减振器的基本组成如图 2-32 所示，它有三个同心缸筒，外面的缸筒是防尘罩，其上部的吊耳与车架相连。中间是储油缸筒，内装有一定量的油液，其下端的吊耳与车桥相连。里面是工作缸筒，其内装满油液。它还有四个阀，即压缩阀、伸张阀、流通阀和补偿阀。流通阀和补偿阀是一般的单向阀，其弹簧很弱，当阀上的油压作用力与弹簧弹力同向时，阀处于关闭状态，完全不通油液；当油压作用力与弹簧弹力反向时，只要很小的油压，阀便能开启。压缩阀和伸张阀是卸载阀，其弹簧较强，预紧力较大，只有当油压增高到一定程度时，阀才能开启；而当油压减低到一定程度时，阀即自行关闭。

双向作用筒式减振器的工作原理可用压缩和伸张两个行程加以说明。

（1）压缩行程。当车桥移近车架（或车身）时，减振器受压缩，活塞下移，使其下方腔室容积减小，油压升高。具有一定压力的油液顶开流通阀进入活塞上方腔室。由于活塞杆占去上腔室的部分容积，使上腔室增加的容积小于下腔室减小的容积，所以一部分油液不能进入上腔室而只能压开压缩阀，流回储油缸筒。油液流经上述阀孔时，受到一定的节流阻力，为克服这种阻力而消耗了振动能量，使振动衰减。

（2）伸张行程。当车桥相对远离车架（或车身）时，减振器受拉伸，活塞上移，使其上腔室油压升高。上腔室的油液便推开伸张阀流入下腔室。同样由于活塞杆的存在，上腔室减小的容积小于下腔室增加的容积，所以从上腔室流出来油液不足以充满下腔室所增加的容积，从而使下腔室产生一定的真空度，这时储油缸筒中的油液在真空度作用下推开补偿阀流进下腔室进行补充。

从上面的原理可以得知，减振器在压缩、伸张两个行程都能起减振作用，因此称为双向作用减振器。

2) 充气式减振器

充气式减振器的基本组成如图 2-33 所示，其结构特点是在缸筒的下部装有一个浮动活塞，高压的氮气充在浮动活塞与缸筒一端形成的密闭气室里。在浮动活塞的上面是减振器油液。O 形密封圈把油和气完全分开，因此活塞也叫封气活塞。在工作活塞上装有压缩阀和伸张阀。这两个阀都由一组厚度相同、直径不等、由大到小排列的弹簧钢片组成。当车轮上下跳动时，工作活塞在油液中做往复运动，使工作活塞的上、下腔之间产生油压差，压力油便推开压缩阀或伸张阀而来回流动。由于阀孔对压力油产生较大的阻尼力，从而使振动衰减。

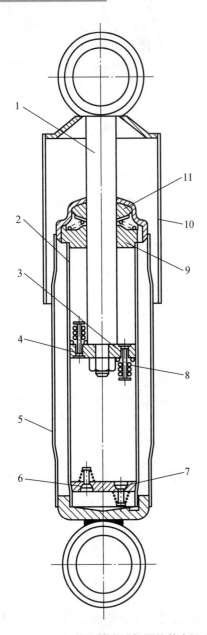

动画 2-6　双向作用筒式减振器工作原理

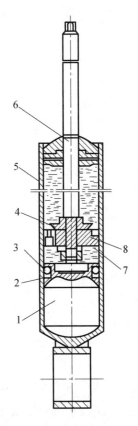

图 2-32　双向作用筒式减振器的基本组成

1—活塞杆；2—工作缸筒；3—活塞；4—伸张阀；
5—储油缸筒；6—压缩阀；7—补偿阀；8—流通阀；
9—导向座；10—防尘罩；11—油封

图 2-33　充气式减振器的基本组成

1—密封气室；2—浮动活塞；3—O 形密封圈；4—压缩阀；
5—工作缸；6—活塞杆；7—工作活塞；8—伸张阀

二、悬架的分类

汽车悬架有非独立悬架和独立悬架两种类型，如图 2-34 所示。

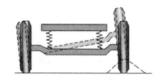
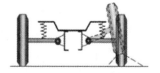

（a）非独立悬架　　　　　（b）独立悬架

图 2-34　非独立悬架与独立悬架示意图

动画 2-7　非独立悬架　　动画 2-8　独立悬架

非独立悬架的结构特点是两侧车轮安装在一根整体式车桥上，车轮和车桥一起通过弹性悬架悬挂在车架（或车身）下面，因此当一侧车轮的位置发生变化时会导致另一侧车轮的位置也发生变化。独立悬架的结构特点是两侧车轮分别独立地与车架（或车身）弹性相连，与其配用的车桥为断开式车桥，因此两侧车轮的运动是相对独立、互不影响的。

1. 非独立悬架

非独立悬架结构简单，被广泛用于小货车和客车的前、后悬架。有的轿车的后悬架也采用非独立悬架。

1）纵置板簧式非独立悬架

对于纵置板簧式非独立悬架（图 2-35），钢板弹簧被用作非独立悬架的弹性元件，兼起导向机构的作用，使得悬架系统大为简化，一般应用于货车的前、后悬架中。

2）螺旋弹簧非独立悬架。

对于螺旋弹簧非独立悬架（图 2-36），螺旋弹簧被用作非独立悬架的弹性元件，只能承受垂直载荷，因此，其悬架系统要加设导向机构和减振器，一般用于轿车中。

图 2-35　纵置板簧式非独立悬架　　　　　图 2-36　螺旋板簧式非独立悬架

3）空气弹簧非独立悬架。

空气螺旋弹簧非独立悬架（图 2-37）的应用特点是汽车在行驶时由于载荷和路面的变化，要求悬架刚度随着变化。例如，当空车时车身被抬高，满载时车身则被压得很低，会出现撞击缓冲块的情况。因而对于不同类型汽车提出不同的要求：矿用车及大型客车要求其空车与满载时的车身高度变化不大；对于轿车要求路况较好时降低车身高度，提高车速行驶，路况较差时提高车身，增大通过能力。

2. 独立悬架

独立悬架的左、右车轮不是用整体车桥相连接，而是通过悬架分别与车架（或车身）相连，每侧车轮可独立运动。轿车和载重量 1t 以下的货车前悬架广为采用，轿车后悬架上应用程度也在逐渐增加。此外，一些越野车、矿用车和大客车的前轮也采用独立悬架。

根据导向机构不同的结构特点，独立悬架可分为双横臂式、单横臂式、纵臂式、单斜臂式、多杆式及滑柱（杆）连杆（摆臂）式等，目前采用较多的是双横臂式、滑柱连杆式和斜置单臂式。按采用的弹性元件不同，独立悬架可分为螺旋弹簧式、钢板弹簧式、扭杆弹簧式和气体弹簧式，其中采用更多的是螺旋弹簧式。

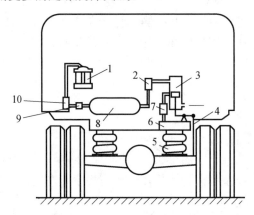

图 2-37 空气弹簧非独立悬架

1—压气机；2、7—空气滤清器；3—车身高度控制阀；4—控制杆；
5—空气弹簧；6—储气罐；8—储气筒；9—压力调节器；10—油水分离器

1）双横臂式（双叉式）独立悬架

（1）等臂双横臂式独立悬架。等臂双横臂式独立悬架（图2-38），上、下两摆臂不等长，若选择长度比例合适，可使车轮和主销的角度及轮距变化不大。这种独立悬架被广泛应用在轿车前轮上。双横臂的臂有 A 字形或 V 字形两种。V 形臂的上、下两个 V 形摆臂以一定的距离分别安装在车轮上，另一端安装在车架上。

（2）不等臂双横臂式独立悬架。不等臂双横臂式独立悬架（图 2-39）的上臂比下臂短。其优点是当汽车车轮上、下运动时，上臂比下臂运动弧度小。这将使轮胎上部轻微地内外移动，而底部影响很小。这种结构有利于减少轮胎磨损，提高汽车行驶的平顺性和方向的稳定性。

动画 2-9　等臂式
双横臂悬架

　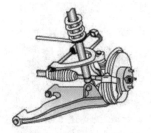

(a) V 字形双横臂式独立悬架　　(b) A 字形双横臂式独立悬架

图 2-38　等臂双横臂式独立悬架

2）滑柱摆臂式独立悬架

滑柱摆臂式独立悬架，又叫做麦弗逊式独立悬架，如图 2-40 所示，目前广泛应用于发动机前置前轮驱动轿车的前悬架中。这种悬架将双横臂上臂去掉并以橡胶作支承，允许滑柱上端作少许角位移，其优点为内侧空间大，有利于发动机布置，并降低车子的重心。

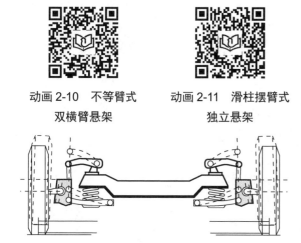

动画 2-10 不等臂式双横臂悬架　　动画 2-11 滑柱摆臂式独立悬架

图 2-39 不等臂双横臂式独立悬架

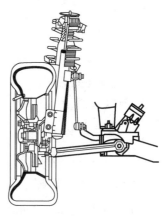

图 2-40 滑柱摆臂式独立悬架

3）多杆式独立悬架

多杆式独立悬架（图 2-41）多采用螺旋弹簧，因而对于侧向力、垂直力及纵向力需加设导向装置，即采用杆件来承受和传递这些力。一些轿车为减轻车重和简化结构多采用多杆式独立悬架。

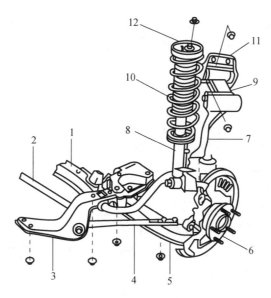

图 2-41 多杆式独立悬架

1—前悬架横梁；2—前稳定杆；3—拉杆支架；4—黏滞式拉杆；5—下连杆；6—轮毂转向节总成；
7—第三连杆；8—减振器；9—上连杆；10—螺旋弹簧；11—上连杆支架；12—减振器隔振块

任务实施

1. 主要内容及目的

（1）掌握悬架的拆装工艺。

（2）掌握悬架的检修工艺。

2. 技术标准及要求

（1）按正确的操作步骤进行拆装与检查。

（2）有关技术参数必须符合维修技术标准要求。

（3）操作规范，安全文明作业。

3. 实训设备与器材

桑塔纳轿车1台，维修工具1套，悬架拆装专用工具，压床。

4. 操作步骤及工作要点

前桥与前悬架的拆装与检测

1）前悬架总成的拆装

（1）前悬架总成的拆卸。

① 取下车轮装饰罩。

② 旋下轮毂与传动轴的紧固螺母（力矩230N·m），车轮必须着地。

③ 卸下垫圈。拧松车轮紧固螺母（力矩110N·m），拆下车轮。

④ 旋下制动钳紧固螺栓（力矩70N·m），旋下制动盘。

⑤ 取下制动软管支架，并用铁丝将制动钳固定在车身上（注意不要损坏制动软管），拆下球形接头紧固螺栓。

⑥ 压下横拉杆插头（力矩30N·m）。

⑦ 旋下稳定杆的紧固螺栓（力矩25N·m）。

⑧ 向下掀压下臂，从车轮轴承壳内拉出传动轴。或利用两个固定车轮凸缘上的螺孔，将压力装置 V.A. G1389 固定在轮毂上，用液压装置从轮毂中压出传动轴，如图2-42所示。

⑨ 拆掉压力装置。取下盖子，支撑减振器支柱下部，旋下活塞杆的螺母，用内六角扳手阻止活塞杆的转动，如图2-43所示。

（2）前悬架总成的安装。

前悬架总成的安装顺序基本上与拆卸顺序相反，但在安装时应注意以下事项：

① 不允许对前悬架总成进行焊接或整形处理，不合格的要更换新的零部件总成。

② 安装传动轴时，应擦净传动轴与轮毂花键齿面上的油污，去除防护剂的残留物。将外等速万向节（RF节）花键面涂上一圈5mm宽的防护剂D6，然后进行传动轴装配。涂防护剂D6的传动轴装车后应停车60min之后才可使用。

③ 安装时，所有螺栓和螺母的紧固力矩应符合规定，所有自锁螺母必须更换新件。

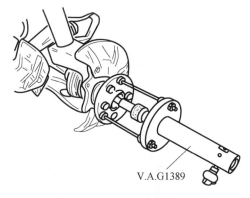

图 2-42 压出传动轴　　　　　　　图 2-43 旋下活塞杆螺母

2）副车架、下摇臂和稳定杆的拆装

（1）副车架、下摇臂和稳定杆的拆卸。

① 旋下副车架与车身固定的前悬架螺栓（力矩 70N·m），拆下副车架下摇臂与稳定杆组合件。

② 旋松下摇臂与副车架连接橡胶轴套的螺栓螺母（力矩 60N·m），拆下摇臂。

③ 旋松稳定杆与下摇臂连接螺栓的紧固螺母，并且拆下固定在副车架处支架螺栓（力矩 25N·m），拆下稳定杆。

④ 用专用工具压出副车架前、后的四个橡胶支承。

⑤ 用专用工具压出下摇臂两端橡胶轴承，如图 2-44 所示。

（2）副车架、下摇臂和稳定杆的安装。

① 用专用工具压入下摇臂橡胶轴承，如图 2-45 所示。

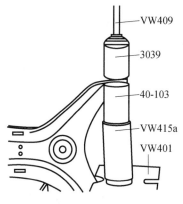
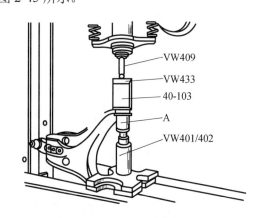

图 2-44 压出下摇臂两端橡胶轴承　　　图 2-45 压入下摇臂橡胶轴承

② 用专用工具压入副车架前、后端四个橡胶支承。

③ 安装稳定杆。稳定杆安装正确位置是弯管向下弯曲，如果安装位置不留出适当余量，那么卡箍就很难装在橡胶支座上。正确的安装方法是先装上较松的卡箍，然后进行短距离试车。这时橡胶支座就会自动滑入规定的位置，然后用 25N·m 的力矩固定螺栓。进一步调整时应将车辆开到举升台上，然后紧固稳定杆。

④ 拧紧固定下摇臂与副车架的连接螺栓螺母（力矩60N·m）。

注意：

（1）自锁螺栓（螺母）拆装后再次使用时须调换新的螺栓和螺母。

（2）副车架安装固定至车身上，其固定螺栓按车辆行驶方向拧紧顺序为后左、后右、前左、前右。

3）减振器的拆装与检查

在车辆行驶过程中，如减振器发出异常的响声，则说明该减振器已损坏，必须更换。一般减振器是不进行修理的。减振器上如有很小渗油现象则不必调换，如漏油多则必须推拉减振器活塞杆，通过拉伸和压缩减振器来检查渗油现象，漏出的减振器油，不能再加入减振器内重新使用。漏油的减振器也不能再使用。

减振器的拆装步骤如下。

（1）用拉具压住弹簧座，压缩压紧弹簧，如图2-46所示。如果没有V.A.G1403工具，可用VW340代替。

（2）松开与紧固开槽螺母，放松弹簧，可以用扳手A阻止活塞杆的转动以使螺母松开，如图2-47所示。

（3）拆卸减振器，如图2-48所示。

4）前悬架支柱总成的拆装、检查与调整

（1）前悬架支柱总成的拆卸。

① 拆下制动盘、挡泥板，压出轮毂。

② 拆下两边弹簧挡圈，压出车轮轴承。

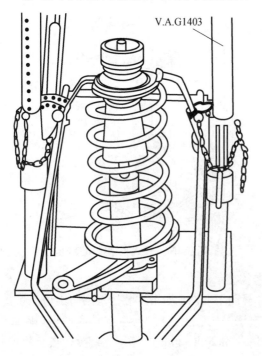

图2-46 用拉具压缩弹簧

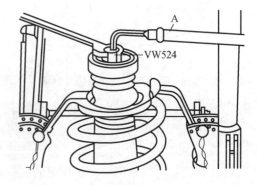

图2-47 松开与紧固开槽螺母，放松弹簧

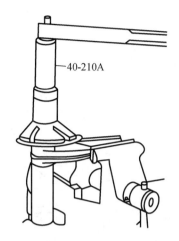

图 2-48　拆卸减振器

③ 拉出轴承内圈。注意只能使用带箍圈的拉具，拉具上的钩子表面在使用前要用破纸打磨一下。

（2）前悬架支柱总成的检查。

在零件全部解体后，应进行清洗、检查，必要时测量。如有下列情况，必须更换新件：

① 制动盘工作面严重磨损，超出规定，或表面出现裂纹。

② 挡泥板严重扭曲变形。

③ 轮毂花键松旷，磨损严重。

④ 弹簧挡圈失效。

⑤ 车轮轴承损坏（注意整套轴承调换）。

⑥ 前悬架支柱件焊缝任何一条出现裂纹或严重变形。

（3）前悬架总成的安装与调整。

① 先装外弹簧挡圈，在车轮轴承座涂上润滑脂，然后压入轴承，压至终止位置，最后装上内弹簧挡圈，如图 2-49 所示。

② 调整内外挡圈开口的位置，使其相差 180°，然后转动轴承内圈，观察是否正常。

③ 在轮毂花键和轴承颈上涂上润滑脂，压入轴承内，如图 2-50 所示。压入轮毂时，专用工具 VW519 只能顶住内轴承的内圈。

④ 用 3 个 M6 螺栓固定挡泥板（力矩 10N·m），使其紧贴在车轮轴承座的凸缘上。

⑤ 用非纤维材料擦净制动盘工作表面，不能有油污。装上制动盘，且紧贴在轮毂的接合面上。

⑥ 用手转动制动盘，观察是否有卡滞或异响现象。

后桥与后悬架的拆装与检测

1）后悬架的结构

桑塔纳 2000 系列轿车后桥是纵向摆臂式非驱动桥，后悬架为独立悬架，其分解结构如图 2-51 所示。

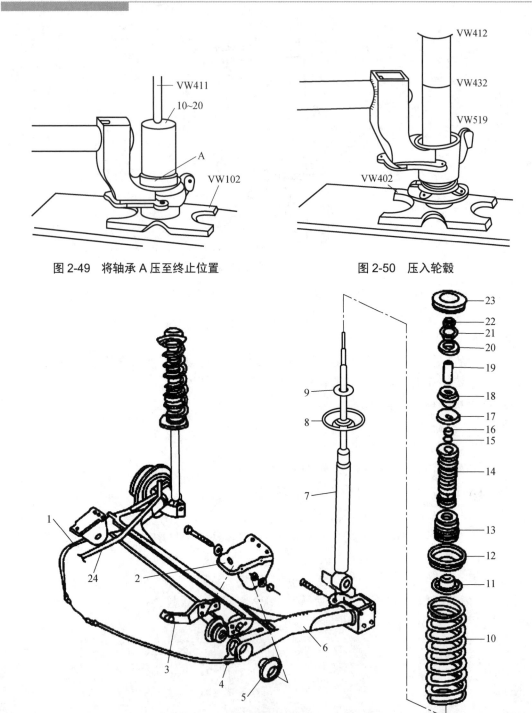

图 2-49 将轴承 A 压至终止位置

图 2-50 压入轮毂

图 2-51 后桥和后悬架的分解图

1—驻车制动拉索套管（固定弹簧钩在车身上）；2—支承座；3—调节弹簧支架；4—驻车制动拉索支架；5—金属橡胶支承；6—后悬架臂；7—减振器；8—下弹簧座圈子；9、17—垫圈；10—螺旋弹簧；11—护盖；12—上弹簧座；13—波纹橡胶管；14—缓冲块；15—卡簧；16—隔圈；18—下轴承环（橡胶件）；19—隔套；20—上轴承环；21—衬盘（隔圈）；22—自锁螺母（拧紧力矩 35N·m）；23—塞盖；24—制动管和制动软管

2）后桥与后悬架的拆装、检测与调整

（1）后桥与后悬架的拆卸。

① 将驻车制动拉索从拉杆上吊出，必要时脱开制动蹄。

② 分开轴体上的制动管和制动软管。

③ 松开车身上的支承座，仅留一个螺母支承。

注意：如要把支承座留在车身上，需拆出支承座与横梁上的固定螺栓。安装时为了避免金属橡胶支座在行驶中橡胶扭曲，在旋紧螺栓之前，横梁须平放。

④ 拆下排气管吊环，用专用工具撑住后桥横梁。

⑤ 取下车室内减振器盖板，从车身上旋下支承杆座的固定螺母，如图2-52所示。

⑥ 拆卸车身上的整个支承座。

⑦ 慢慢升起车辆，将驻车制动拉索从排气管上拉出。

⑧ 将后桥从车子底下拆出。注意维修时不允许对后桥进行焊接和整形。

（2）后桥与后悬架的安装。

后桥、后悬架总成的安装可按拆卸相反的顺序进行，但应注意以下事项：

① 先将驻车制动拉索铺设在排气管上面，然后将后桥装到车身上。

② 将减振器支承杆座装入车身的支架中，并用螺母固定。

③ 横梁必须平放，车身与横梁的夹角应为17°±2°36′，如图2-53所示。

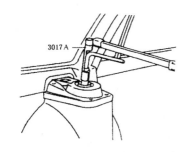
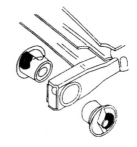

图2-52 旋下减振器支承杆座的固定螺母　　图2-53 支承座安装在后桥上

④ 更换所有自锁螺母，且按规定力矩拧紧。后桥螺母的拧紧力矩如表2-2所示。

表2-2 后桥螺母的拧紧力矩

项目	力矩/（N·m）
减振器下端至后桥固定螺母	70
减振器上端与车身固定螺母	35
支承座与车身固定螺母	45
后桥金属橡胶衬套固定螺母	70
制动底板固定螺母	60
车轮固定螺栓	90

> **知识拓展**
>
> **汽车空气悬架的应用与发展**
>
> 　　空气悬架诞生于19世纪中期,早期用于机械设备隔振。1947年,美国首先在普耳曼汽车上使用空气悬架,意大利、英国、法国及日本等国家相继对汽车空气悬架做了应用研究。经历了一个世纪的发展,到了20世纪50年代空气悬架才被应用在载货汽车、大客车、小轿车及铁道汽车上。目前国外高级大客车几乎全部使用空气悬架,重型载货车使用空气悬架的比例已达80%以上,空气悬架在轻型汽车上的应用量也在迅速上升。部分轿车也开始安装使用空气悬架,如美国的林肯等。在一些特种车辆(如对防震要求较高的仪表车、救护车、特种军用车及要求高度调节的集装箱运输车等)上,空气悬架的使用几乎为唯一选择。
>
> 　　国外汽车空气悬架的发展经历了"钢板弹簧→气囊复合式悬架→被动全空气悬架→主动全空气悬架(即 ECAS,电控空气悬架系统)"的变化形式。主动全空气悬架应用了电子控制系统,使传统的空气悬架系统的性能得到很大改善,使汽车在各种路面、各种工况条件下能实现主动调节、主动控制,并增加了许多辅助功能(如故障诊断功能等)。目前 ECAS 系统在欧洲一些国家的大客车上已经大量应用。随着人们生活水平的提高,对汽车舒适性的要求越来越高,可以预见,ECAS 这一先进的空气悬架系统在汽车上的应用将越来越普及。
>
> 　　近几年,我国空气悬架的需求与高等级客车的销售量直接相关,2002 年高级客车销售量为 4000 台左右,2003 年突破 6000 台,据统计高级客车的需求以每年 15% 的速度增长。根据国家汽车行业"十五规划"要求:我国的客车将重点发展适应高速公路需要的大中型客车,专用客车底盘及关键总成。及根据市场需求适当发展高档旅游客车。"十五规划"预测,2005 年大中型客车年需求量为 12 万~16 万辆,交通部颁布实施 JT/T325-2002 的行业标准,对大中型客车配置悬架类型做了规定,其中高级大中型客车必须采用空气悬架。这为空气悬架产品的推广使用创造了一个良好的外部环境。

 故障案例

1. 非独立悬架系统的常见故障

1)车身倾斜和行驶跑偏

(1)现象:汽车调整后停放在平坦地面上,车身横向或纵向歪斜,汽车行驶中方向自动跑偏。

(2)原因:①钢板弹簧、螺旋弹簧断裂。②弹簧弹力下降,弹簧刚度不一致。④U 形螺栓松动等。

　　钢板弹簧折断,尤其是主片折断,会因弹力不足而使车身歪斜。前钢板弹簧一侧主片折断时,车身在横向平面内倾斜;后钢板弹簧一侧主片折断时,车身在纵向平面内倾斜。

当某一侧的钢板弹簧由于疲劳导致弹力下降，或者更换的钢板弹簧与原弹簧刚度不一致时，车身会倾斜。钢板弹簧销、衬套和吊耳磨损过量时，汽车会出现车身倾斜、行驶跑偏、行驶摆振、异响等故障现象。U 形螺栓松动或折断（或钢板弹簧第一片折断）时，汽车会由于车桥移位倾斜导致跑偏。

2）异响

（1）现象：在行驶过程中，特别是道路颠簸、突然制动、转弯时从悬架部位发出噪声。

（2）原因：

① 减振器漏油，油量不足。

② 活塞与缸筒磨损，配合松旷。

③ 连接部位脱落或橡胶隔套损坏。

④ 铰链点磨损、老化或损坏。

⑤ 弹簧折断等。

2. 独立悬架系统的常见故障

独立悬架系统主要由螺旋弹簧、减振器、导向机构及横向稳定杆等组成，系统中铰接点多，独立悬架系统的常见故障如下。

1）现象

（1）异响，尤其在不平路面上转弯时。

（2）车身倾斜，汽车在转弯时车身过度倾斜等。

（3）前轮定位参数改变。

（4）轮胎异常磨损。

（5）车辆摆振及行驶不稳。

2）原因

（1）螺旋弹簧弹力不足。

（2）稳定杆变形。

（3）上、下摆臂变形。

（4）连接部位脱落或橡胶隔套损坏。

（5）各铰接点磨损、松旷。

理 论 习 题

一、填空题

1. 汽车行驶系主要由_____、_____、_____、_____等装置组成。
2. 车轮一般由_____、_____、_____和_____等组成。
3. 列举两类外胎：_____、_____。
4. 列举外胎的两种花纹：_____、_____。
5. 悬架一般由_____、_____和_____三部分组成。

二、选择题

1. 车轮结构中，用于连接轮毂和轮辋的是（　　）。
   A. 挡圈　　　　B. 轮体　　　　C. 轮辐
2. 一般满载时，汽车后轮的充气气压比前轮充气气压（　　）
   A. 高　　　　　B. 低　　　　　C. 相同
3. 外胎结构中，起直接承受载荷作用的是（　　）。
   A. 台面　　　　B. 帘布层　　　C. 胎圈
4. 下列对真空轮胎解释正确的是（　　）。
   A. 不用充气　　B. 无内胎　　　C. 相对摩擦大
5. 属于悬架的组成部分的元件是（　　）。
   A. 差速器　　　B. 弹性元件　　C. 主减速器　　　D. 减振器
6. 悬架把车架和车轮（　　）的连接起来。
   A. 刚性　　　　B. 弹性　　　　C. 塑性
7. 非独立悬架两轮胎的磨损相对（　　）。
   A. 较少　　　　B. 较多　　　　C. 不变
8. 装有电控悬架系统的汽车，在水平路面上高速行驶时（　　）。
   A. 车身会变高　B. 车身会变矮　C. 弹簧会变硬
9. 下列各选项是非独立悬架的缺点的是（　　）。
   A. 结构简单　　B. 容易产生跳动　C. 寿命相对长
10. 属于悬架的组成部件的有（　　）
    A. 螺旋弹簧　　B. 半轴　　　　C. 轮毂

三、判断题

1. 采用独立悬架的车桥通常为断开式。（　　）
2. 转向轮偏转时，主销随之转动。（　　）
3. 所有汽车的悬架组成都包含弹性元件。（　　）
4. 主销后倾角和主销内倾角都起到使车轮自动回正，沿直线行驶的作用。（　　）
5. 无内胎轮胎被穿孔后，其压力会急剧下降。（　　）

四、名词解释

1. 转向轮的自动回正作用。
2. 主销内倾角。

五、问答题

1. 汽车悬架在汽车中起到什么作用，它一般分为哪两大类？
2. 为什么汽车广泛采用低压胎。

项目三　汽车底盘转向系统检修

汽车在行驶过程中，经常需要改变行驶方向，改变行驶方向的方法是通过转向轮（一般是前轮）相对于汽车纵轴线偏转一定角度实现的。汽车在直线行驶时，转向轮也往往受到路面侧向干扰力的作用而自动偏转，改变行驶方向。因此，驾驶员需要通过一套机构随时改变或恢复汽车行驶方向，该套专设机构即为汽车的转向系统。

能力目标	知识要点	权重
（1）能正确选用和使用工具就车拆装转向系各部件 （2）能正确分解及清洗循环球式、齿轮齿条式转向器 （3）能正确分解液压助力转向器 （4）能正确选用和使用安全辅助设备 （5）能正确排放和加注转向油液并注意现场"5S" （6）能正确排放和加注转向油液	（1）掌握转向机构结构、原理、功用 （2）掌握转向系统拆装专用工具的使用 （3）掌握转向系统的拆装方法 （4）掌握转向油液排放、加注方法及注意事项	30%
（1）能按照技术标准检测转向操纵机构、传动机构和转向器 （2）能对循环球式、齿轮齿条式转向器进行检修 （3）能按照技术标准检测转向操纵机构、传动机构和转向器 （4）能对液压助力转向器进行检修 （5）能根据技术标准修理转向操纵机构、传动机构和转向器 （6）能对安装后的转向系进行测试与调整	（1）掌握转向操纵机构、传动机构、转向器的检测项目 （2）掌握转向系统测试与调整方法 （3）掌握废旧液回收的工具和方法	60%
运用知识分析案例，并制定故障排除方案		10%

任务一　机械转向器故障检修

情景描述

李小姐驾驶一辆五菱宏光来到维修车间，向维修顾问反应她的车辆近期的转向自由行程太大，严重影响转向灵敏度。我们作为维修技工，需要根据维修手册，使用诊断检测仪器，参考相关资料排除故障，并在最终检验合格后交付前台。

相关知识

一、汽车转向系统的类型

按转向能源的不同汽车转向系统（简称汽车转向系）可分为机械转向系和液压转向系。

机械转向系以驾驶员的体力为转向能源，其中所有的传力件都是机械零件。液压转向系兼用驾驶员的体力和发动机液压为转向能源，其转向系统中需要增加液压转向装置。

1. 机械转向系

图 3-1 所示是红旗 CA7220 型轿车的机械转向系。需要转向时，驾驶员对转向盘施加一个转向力矩，该力矩通过转向轴 2 输入转向器 8。从转向盘到转向传动轴这一系列部件和零件即属于转向操纵机构。作为减速传动装置的转向器中有 1 或 2 级减速传动副（图 3-1 所示转向系中的转向器为单级减速传动副）。经转向器放大后的力和减速后的运动传到转向横拉杆 6，再传给固定于转向节 3 上的转向节臂 5，使转向节和它所支承的转向轮偏转，从而改变汽车的行驶方向。这里，转向横拉杆和转向节臂属于转向传动机构。

2. 液压转向系

图 3-2 所示为桑塔纳 2000 轿车的液压转向系示意图，其中属于转向加力装置的部件是转向油泵 5、转向油管 4、转向油罐 6 以及位于整体式转向器 10 内部的转向控制阀及转向液压缸等。当驾驶员转动转向盘 1 时，转向摇臂 9 摆动，通过转向直拉杆 11、横拉杆 8、转向节臂 7，使转向轮偏转，从而改变汽车的行驶方向。

与此同时，转向器输入轴还带动转向器内部的转向控制阀转动，使转向液压缸产生液压作用力，帮助驾驶员操纵转向。这样，为了克服地面作用于转向轮上的转向阻力矩，驾驶员需要加于转向盘上的转向力矩，比用机械转向系时所需的转向力矩小得多。

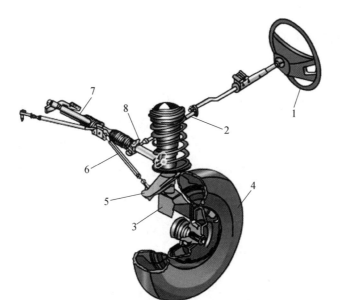

动画 3-1 转向系的基本组成

图 3-1 红旗 CA7220 型轿车机械转向系

1—转向盘；2—安全转向轴；3—转向节；4—转向轮；5—转向节臂；6—转向横拉杆；
7—转向减振器；8—机械转向器

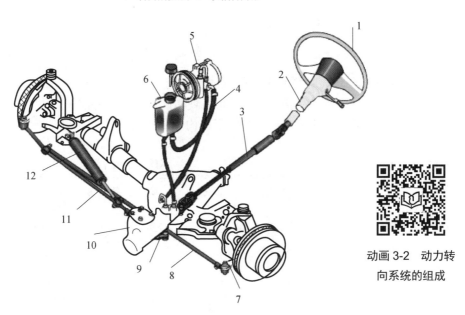

动画 3-2 动力转向系统的组成

图 3-2 桑塔纳 2000 轿车液压转向系示意图

1—转向盘；2—转向万向节；3—转向柱；4—转向油管；5—转向油泵；6—转向油罐；7—转向节臂；
8—转向横拉杆；9—转向摇臂；10—整体式转向器；11—转向直拉杆；12—转向减震器

二、汽车转向系中的关系式

1. 两侧转向轮偏转角之间的理想关系式

为避免在汽车转向时加大对车轮的磨损,希望汽车转向时每个车轮都做纯滚动,即要求所有车轮的轴线都相交于一点,这一点称为转向中心。如果不交于一点,而是交于两点,如图 3-3 所示,这时各车轮就不可能绕同一个中心滚动。若使两转向轮自由滚动,它们的运动轨迹就有相互靠近的趋势,然而两车轮是安装在同一车轴的两端,轮距是不变的,这样当汽车转向时,转向轮就要产生边滚边滑的现象,从而使行驶阻力增加,转向困难,并加速轮胎的磨损。

动画 3-3 转向时
转向轮的关系

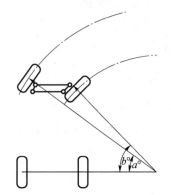
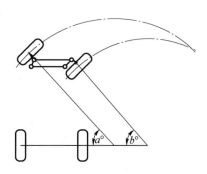

图 3-3 汽车转向分析

那如何保证汽车转向时所有车轮的轴线都相交于一点呢?解决的方法是将转向传动机构设计成梯形。这样,汽车在转向时,就可以使转向内前轮与外前轮产生不同的偏转角,实现车轮的纯滚动。图 3-4 所示为矩形和梯形机构的比较图。

动画 3-4 汽车转向
时驱动轮运动示意图

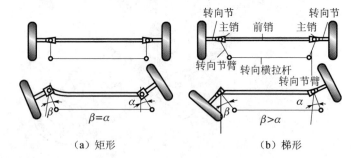

图 3-4 矩形、梯形机构的比较

如图 3-5 所示,汽车转向时,汽车内侧转向轮偏转角 β 与外侧转向轮偏转角 α 之间的理想关系如下:

$$\cot\alpha = \cot\beta + B/L$$

式中 B——两侧主销轴线与地面相交点的距离;

L——汽车的轴距。

由转向中心到外转向轮与地面接触点的距离称为汽车的转弯半径。转弯半径越小，汽车转向所需场地越小，其机动性就越好，当转向盘转到极限位置时为最小转弯半径，由图 3-5 可知，$R_{\min}=L/\sin\alpha$。

2. 转向系角传动比

转向器角传动比——转向盘的转角增量与转向摇臂转角的相应增量之比 i_{ω_1}。

转向传动机构角传动比——转向摇臂转角增量与转向盘所在一侧的转向节的转角相应增量之比 i_{ω_2}。

转向系角传动比——转向盘转角增量与同侧转向节相应转角增量之比 i_ω。

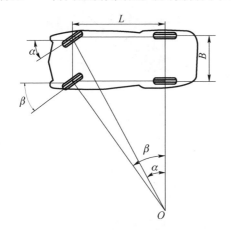

动画 3-5 汽车转向特性

图 3-5 汽车转向系示意图

三者满足：

$$i_\omega = i_{\omega_1} i_{\omega_2}。$$

选取 i_ω 时应适当兼顾转向省力和转向灵敏的要求。转向系角传动比 i_ω 主要取决于转向器角传动比 i_{ω_1}。当转向盘转角较小时，转向阻力较小，i_{ω_1} 小一些可以使转向灵敏；当转向盘转角较大时（如低速急转弯工况），i_{ω_1} 应大一些，以保证转向轻便。

三、转向系的组成

机械转向系由转向操纵机构、转向器和转向传动机构三个部分组成。其中，转向操纵机构主要由转向盘、转向轴、转向管柱等组成。它的作用是将驾驶员转动转向盘的操纵力传给转向器。转向器是将转向盘的转动变为转向摇臂的摆动或齿条轴的直线往复运动，并对转向操纵力进行放大的机构。转向器一般固定在汽车车架或车身上，转向操纵力通过转向器后一般还会改变传动方向。转向传动机构是将转向器输出的力和运动传给车轮（转向节），并使左、右车轮按一定关系进行偏转的机构。

1. 转向操纵机构

转向操纵机构是转向盘到转向器之间所有零部件的总称,由转向盘、转向轴、转向管柱等组成,其组成和布置如图3-6所示,作用是将驾驶员转动转向盘的操纵力传给转向器。

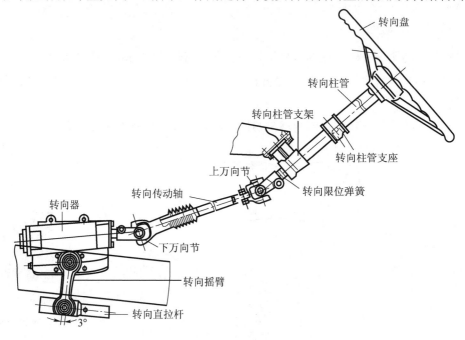

图3-6 转向操纵机构示意图

1)转向盘

(1)组成。转向盘由轮缘、轮辐和轮毂组成,如图3-7所示,转向盘轮毂的细牙内花键与转向轴连接,转向盘上装有喇叭按钮,有些轿车的转向盘上还装有车速控制开关和安全气囊。转向盘内部由成形的金属骨架构成,外面包柔软材料。汽车碰撞时,转向盘骨架会发生变形,以吸收碰撞的能量。

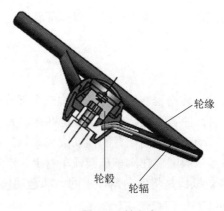

图3-7 转向盘

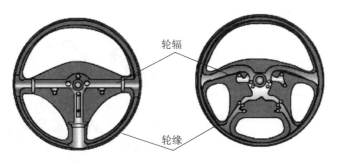

(a) 转向盘的构造

(b) 三辐转向盘　　　　(c) 四辐转向盘

图 3-7　转向盘（续）

（2）转向盘自由行程。单就转向操纵灵敏度而言，转向盘和转向节的运动能同步开始并同步终止为最佳。然而，这在实际上是不可能的。

转向盘空转阶段——克服转向系内部的摩擦，使各传动件运动到其间的间隙完全消除这一阶段。

转向盘自由行程——转向盘在空转阶段中的角行程。转向盘自由行程对于缓和路面冲击及避免驾驶员过度紧张是有利的，但不宜过大，以免过分影响灵敏性。

> **特别提示**
>
> 一般说来，转向盘从相应于汽车直线行驶的中间位置向任一方向的自由行程最好不超过 10°（部分车型为不超过 15°）。当零件磨损严重到使转向盘自由行程超过 25°（部分车型为超过 30°）时，必须进行调整。

2）转向轴、转向柱管及其吸能装置

转向轴是连接转向盘和转向器的传动件，转向柱管固定在车身上，转向轴从转向柱管中穿过，支承在柱管内的轴承和衬套上。

轿车除要求装有吸能式转向盘外，还要求转向柱管必须装备能够缓和冲击的吸能装置。转向轴和转向柱管吸能装置的基本工作原理：当转向轴受到巨大冲击而产生轴向位移时，通过转向柱管或支架产生塑性变形、转向轴产生错位等方式，吸收冲击能量。

（1）转向轴错位缓冲。桑塔纳轿车转向盘与转向轴如图 3-8 所示。

当发生猛烈撞车时，车身车架产生严重变形，导致转向轴、转向盘等部件后移，与此同时，在惯性作用下驾驶员身体向前冲，致使转向轴的上、下凸缘盘的销子与销孔脱离，缓和冲击，吸收冲击能量，有效地降低驾驶员的受伤程度。

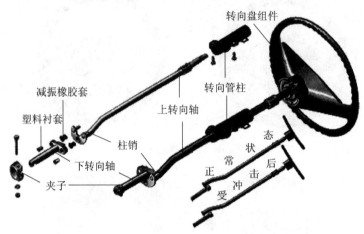

图 3-8 桑塔纳轿车转向盘与转向轴

（2）转向轴错位和支架变形缓冲。转向柱管吸能装置示意图如图 3-9 所示。

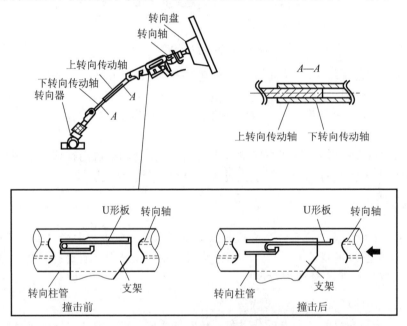

图 3-9 转向柱管吸能装置

轿车转向柱管吸能装置的工作原理：转向传动轴分为上、下两段，下转向传动轴装在上转向传动轴的孔中，发生碰撞时，转向器向后移动，下转向传动轴插入上转向传动轴的孔中，上转向传动轴被压扁，从而吸收冲击能量。

此外，转向柱管通过支架和 U 形金属板固定在仪表板上。当驾驶员身体撞击转向盘后，转向管柱和支架将从仪表板上脱离下来并向前移动。这时，一端固定在仪表板上，另一端固定在支架上的 U 形金属板就会产生扭曲变形，从而吸收冲击能量。

（3）转向柱管变形吸收冲击能量并缓冲。转向柱管的结构如图 3-10 所示。

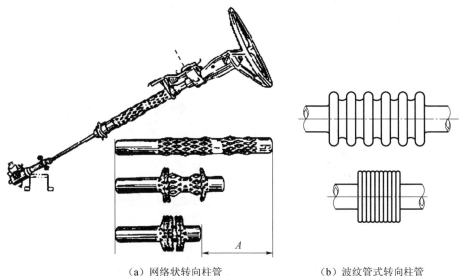

(a) 网络状转向柱管　　　　(b) 波纹管式转向柱管

图 3-10　转向柱管

如果汽车上装用了网格状或波纹管式转向柱管吸能装置，当发生猛烈撞车导致人体冲撞转向盘时，网格部分或波纹管部分将被压缩产生塑性变形，从而吸收冲击能量。

2. 转向器

1）转向器的传动效率

转向器的输入功率与输出功率的比值称为转向器的传动效率。功率由转向轴输入，转向摇臂输出的传动效率为正效率。功率由转向摇臂输入，转向轴输出的传动效率为逆效率。逆效率很高的转向器称为可逆式转向器，逆效率很低的转向器称为不可逆转向器，逆效率略高于不可逆式的转向器称为极限可逆式转向器。

可逆式转向器与不可逆转向器的比较：

① 可逆式转向器可以将路面阻力完全反馈到转向盘，使驾驶员路感好，可以实现转向盘回正，但可能发生"打手"现象。

② 不可逆式转向器让驾驶员丧失路感，无法根据路面阻力调整方向盘转矩，且转向盘不会回正。

③ 极限可逆式转向器可以获得一定的路感，转向盘可自动回正。

不可逆式转向器应用较少，现代汽车大部分采用可逆式转向器，部分越野车辆采用极限可逆式转向器。

2）转向器的类型

转向器是转向系的减速传动装置，一般有 1~2 级减速传动副。转向器的功能为将转向盘的转动变为齿条轴的直线运动或转向摇臂的摆动，降低运动速度，增大转向力矩并改变转向力矩的传动方向。转向器输出端的运动形式有两种：一种是线位移（如齿轮齿条式转向器），另一种是角位移（如循环球式、曲柄指销式转向器）。目前在汽车上广泛采用的有齿轮齿条式、循环球-齿条齿扇式、蜗杆曲柄指销式等几种结构形式。

（1）齿轮齿条式转向器。齿轮齿条式转向器的结构如图3-11所示，其传动件为齿轮、齿条。

视频3-1 机械式转向器的拆装视频组

（1—拆卸；2—装配）

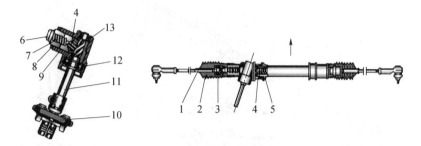

图3-11 齿轮齿条式转向器的结构

1—转向横拉杆；2—防尘套；3—球头座；4—转向齿条；5—转向器壳体；6—调整螺塞；7—压紧弹簧；8—锁紧螺母；9—压块；10—万向节；11—转向齿轮轴；12—向心球轴承；13—滚针轴承

齿轮齿条式转向器的四种结构形式为侧面输入两端输出、中间输入两端输出、侧面输入中间输出和侧面输入一端输出，如图3-12所示。

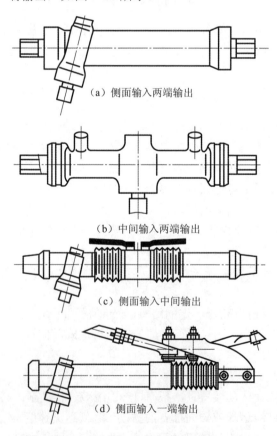

(a) 侧面输入两端输出

(b) 中间输入两端输出

(c) 侧面输入中间输出

(d) 侧面输入一端输出

图3-12 齿轮齿条式转向器的四种结构形式

齿轮齿条式转向器的特点如下。

① 结构简单紧凑、质量轻、刚性大。

② 转向灵敏，正、逆效率都较高，制造容易，成本低。

③ 省略了转向摇臂和转向直拉杆，使转向传动机构简化，适合与麦弗逊式独立悬架配用，常用于轿车、微型货车和轻型货车。

（2）循环球-齿条齿扇式转向器。循球环-齿条齿扇式（循环球式）转向器的结构如图3-13所示。

一般采用两级传动：第一级为螺杆螺母传动副；第二级为齿条齿扇传动副。

为了减少摩擦，在转向螺杆和螺母上都加工出其轮廓，由两段或三段不同心的圆弧组成的断面为近似半圆形的螺旋槽，两者相配合形成近似圆形断面的螺旋管状通道中装入许多钢球，使滑动摩擦变成滚动摩擦。螺母的侧面有两对通孔，可将钢球塞入螺旋通道中，两根U形钢球导管的两端插入螺母侧面的两对通孔中，导管内也装满钢球。这样，两根导管和螺母内的螺旋管状通道组合成两条独立封闭的钢球"流道"。

转向螺杆转动时，通过钢球将力传给转向螺母，使螺母沿轴向移动。同时，在螺杆、螺母和钢球间的摩擦力矩作用下，所有钢球便在螺旋管状通道内滚动，形成"球流"。

该类转向器的特点如下。

① 正传动效率高达90%～95%，操纵轻便，转向省力。

② 寿命长，工作平稳可靠。

③ 逆效率也很高，容易"打手"。

④ 适合用于经常在平坦路面上行驶的中、轻型载货汽车上。

（3）蜗杆曲柄指销式转向器。该种转向器的结构如图3-14所示，其传动副的组成有主动件（转向蜗杆）和从动件（指销）。

具有梯形截面螺纹的转向蜗杆支承在转向器壳体两端的球轴承上，蜗杆与锥形指销相啮合，指销用双列圆锥滚子轴承支于摇臂轴内端的曲柄孔中。当转向蜗杆随转向盘转动时，指销沿蜗杆螺旋槽上下移动，并带动曲柄及摇臂轴转动。

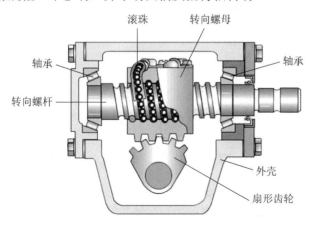

图3-13 循环球式转向器的结构

视频3-2 循环球式转向器的拆卸

动画3-6 循环球式转向器

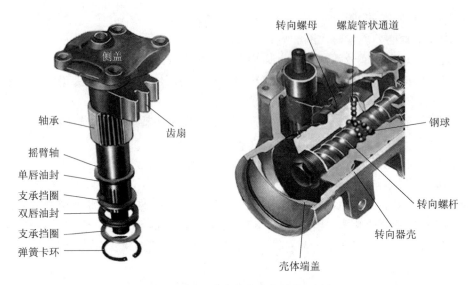

图 3-13 循环球式转向器的结构（续）

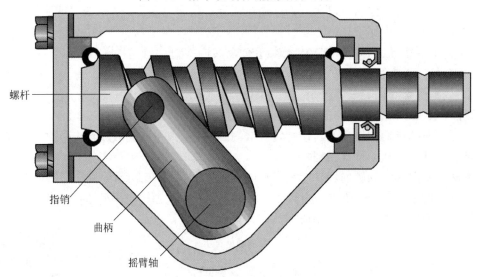

图 3-14 蜗杆曲柄指销式转向器的结构

蜗杆曲柄指销式转向器的特点：每个指销所承受的载荷小，寿命长；在采用同样的蜗杆时，运动范围大；当行程固定时蜗杆较短；对蜗杆加工精度要求高。

3. 转向传动机构

动画 3-7 蜗杆曲柄指销式转向器

从转向器到转向轮之间的所有传动杆件总称为转向传动机构。转向传动机构的功用是将转向器输出的力和运动传到转向桥两侧的转向节，使转向轮偏转，并使两转向轮偏转角按一定关系变化，以保证汽车转向时车轮与地面的相对滑动尽可能小。转向传动机构的组成和布置，因转向器位置和转向轮悬架类型不同而异。

1）与非独立悬架配用的转向传动机构

（1）转向传动机构的组成。转向传动机构由转向摇臂、转向直拉杆、转向节臂和转向梯形等零部件共同组成，其中转向梯形由梯形臂、转向横拉杆和前梁共同构成。

前桥为转向桥时，转向梯形布置在前桥后[图 3-15（a）]，汽车在直线行驶状态时，$\theta>90°$，θ 为梯形臂与横拉杆在与道路平行的平面（水平面）内的交角。前桥为转向驱动桥时，转向梯形布置在前桥前[图 3-15（b）]，汽车在直线行驶状态时，$\theta<90°$。若转向摇臂与道路平行的水平面内左右摆动，则可将转向横拉杆横置，并借球头销直接带动转向横拉杆，从而推动两侧梯形臂转动[图 3-15（c）]。

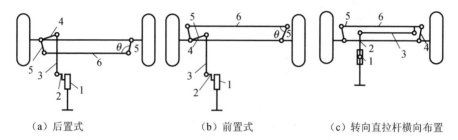

（a）后置式　　　　　　（b）前置式　　　　　　（c）转向直拉杆横向布置

图 3-15　转向传动机构

1—转向器；2—转向摇臂；3—转向直拉杆；4—转向节臂；5—转向直拉杆；6—转向横拉杆；

（2）转向摇臂。转向摇臂是转向器传动副与直拉杆之间的传动件，如图 3-16 所示。循环球式转向器和蜗杆曲柄指销式转向器通过转向摇臂与转向直拉杆相连。转向摇臂的大端与转向器摇臂轴采用锥形细三角花键连接，以调整安装位置到正确角度，同时起到压紧和定位的作用。小端通过球头销与转向直拉杆做空间铰链连接。

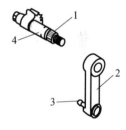

图 3-16　转向摇臂

1—带锥度的三角形齿形花键；
2—转向摇臂；3—球头销；4—摇臂轴

（3）转向直拉杆。转向直拉杆是转向摇臂与转向节臂之间的传动杆件，具有传力和缓冲作用，如图 3-17 所示。在转向轮偏转且因悬架弹性变形而相对于车架跳动时，转向直拉杆与转向摇臂及转向节臂的相对运动都是空间运动，为了不发生运动干涉，三者之间的连接件都是球形铰链。压缩弹簧补偿球头和座的磨损，保证无间隙配合，弹簧预紧力用端部螺塞调整，开口销固定螺塞位置。

转向节臂受到向后的冲击力由前压缩弹簧承受，受到向前冲击力时，冲击力依次经过前球头座、前端部螺塞、直拉杆和后端部螺塞传给后压缩弹簧。两个压缩弹簧分别沿轴线的不同方向起缓冲作用。当球头销作用在内球头座上的冲击力超过弹簧的预紧力时，弹簧进一步变形而吸收冲击能量。

（4）转向横拉杆。转向横拉杆是转向梯形机构的底边，由横拉杆体和旋装在两端的横拉杆插头组成，如图 3-18 所示。上、下球头座用聚甲醛制成，耐磨性好。弹簧保证球头与球头座紧密接触，预紧力由螺塞调整。两插头用螺纹与横拉杆体连接，一端为左旋，一端为右旋，当转动横拉杆体时，可调整横拉杆的长度，可以调整前轮前束。

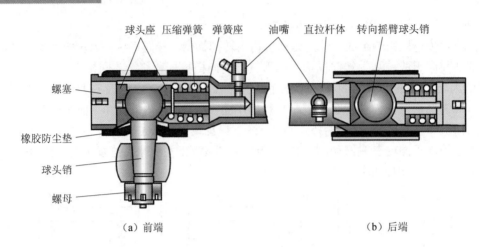

图 3-17 转向直拉杆

（a）前端　　　（b）后端

（5）转向减振器。随着车速的提高，现代汽车的转向轮有时会产生摆振（转向轮绕主销轴线往复摆动，甚至引起整车车身的振动），这不仅影响汽车的稳定性，而且影响汽车的舒适性，加剧前轮轮胎的磨损。在转向传动机构中设置转向减振器是克服转向轮摆振的有效措施。转向减振器的一端与车身（或前桥）铰接，另一端与转向直拉杆（或转向器）铰接，如图 3-19 所示。

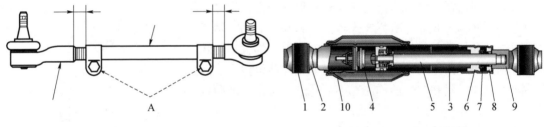

图 3-18 转向横拉杆　　　图 3-19 转向减振器

1—连接环衬套；2—连接环橡胶套；3—油缸；4—压缩阀总成；
5—活塞及活塞杆总成；6—导向座；7—油封；8—挡圈；
9—轴套及连接环总成；10—橡胶储液缸

2）与独立悬架配用的转向传动机构

为了满足转向轮独立运动的需要，转向桥是断开式的，转向传动机构中的转向梯形也必须断开。与独立悬架配用的多数是齿轮齿条式转向器，转向器布置在车身上，转向横拉杆通过球头销与齿条及梯形臂相连，如图 3-20 所示。

采用循环球式转向器时，摇杆前端固定于车架横梁中部，后端借球头销与转向直拉杆和左、右横拉杆相连，转向横拉杆通过球头销与梯形臂连接。或者由平行于路面的平面内摆动的转向摇臂直接带动或者由转向直拉杆带动左、右横拉杆，如图 3-21 所示。

项目三 汽车底盘转向系统检修

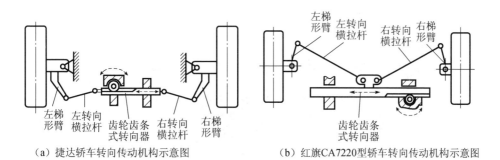

（a）捷达轿车转向传动机构示意图　　（b）红旗CA7220型轿车转向传动机构示意图

图 3-20　与齿轮齿条式转向器相配合的转向传动机构示意图

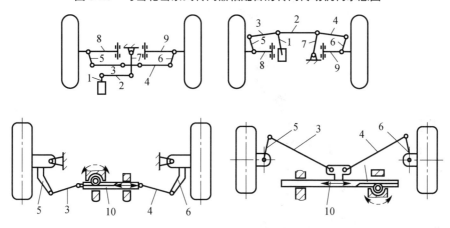

图 3-21　与独立悬架配用的转向传动机构

1—转向摇臂；2—转向直拉杆；3—左转向横拉杆；4—右转向横拉杆；5—左梯形臂；6—右梯形臂；
7—摇杆；8—悬架左摆臂；9—悬架右摆臂；10—循环球式转向器

任务实施

1. 主要内容及目的

（1）熟悉循环球式转向器的结构。
（2）掌握循环球式转向器的拆装方法。
（3）掌握循环球式转向器的检修工艺。

2. 技术标准及要求

（1）按正确的操作步骤进行拆装与检查。
（2）有关技术参数必须符合维修技术标准要求。
（3）操作规范，安全文明作业。

3. 实训设备与器材

循环球式转向器 1 台，维修工具 1 套，扭力扳手 1 把，齿轮油 1 瓶。

4. 操作步骤及工作要点

1) 循环球式转向器的组成

循环球式转向器（以丰田车型为例）的组成如图 3-22 所示。

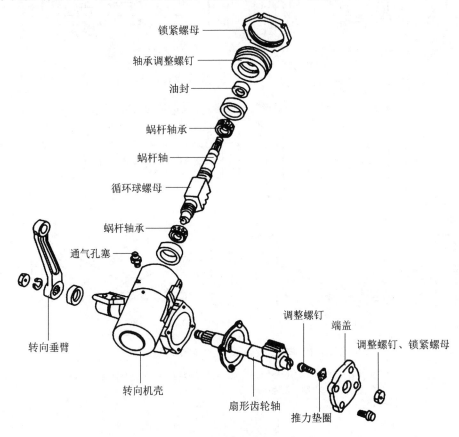

图 3-22　循环球式转向器的组成

2) 循环球式转向器的分解

(1) 拆下放油螺栓，排净齿轮油。

(2) 在转向垂臂和扇形齿轮轴上做好记号，用拉器拆下垂臂，如图 3-23 所示。

(3) 拆下调整螺钉锁紧螺母和 4 个螺栓，如图 3-24 所示，顺时针转动调整螺钉以拆下端盖。

(4) 从转向器壳中拉出扇形齿轮轴。

(5) 拆下锁紧螺母及轴承调整螺钉，如图 3-25 所示，从转向机壳拉出蜗杆轴。

3) 转向器零件的检修

(1) 蜗杆和循环球螺母的检查。

① 将蜗杆保持不动，且使钢球螺母不转动，轴向推拉螺母，用百分表检查其轴向间隙，应小于 0.08mm。

② 检查螺母是否靠其自身重量沿轴平稳转下，如图 3-26 所示。如有问题，则更换转向总成。

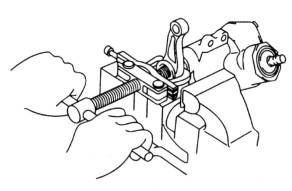
图 3-23 用拉器拆下垂臂

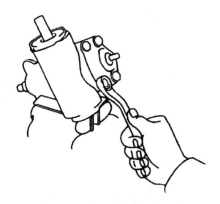
图 3-24 拆卸调整螺钉端盖

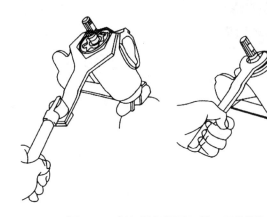
图 3-25 拆卸锁紧螺母及轴承调整螺钉

注意：不要让循环球螺母碰撞蜗杆轴的端部。

（2）检查扇形齿轮轴、推力垫圈和调整螺钉是否有磨损。如图 3-27 所示，测量扇形齿轮轴的轴向间隙，最大间隙应小于 0.05mm。否则，应更换新的推力垫圈（推力垫圈的厚度等级差为 0.05mm）。

（3）检查轴承磨损情况及是否有发蓝等损伤，如有，则更换。装配时，油封应更换。

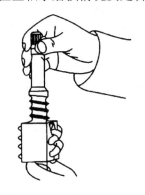
图 3-26 螺母靠其自身重量沿轴转下的检查

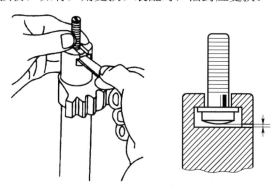
图 3-27 测量扇形齿轮轴轴向间隙

4)转向器的装配

(1) 在轴套、滚针轴承和油封上涂以多用途润滑脂,如图3-28所示,将蜗杆插入转向机壳。

(2) 装上轴承调整螺钉,一边用扭力扳手转动蜗杆轴,测量开始转动时所需的扭矩,一边拧紧调整螺钉,直至力矩达到0.4~0.5N·m时为止,如图3-29所示。

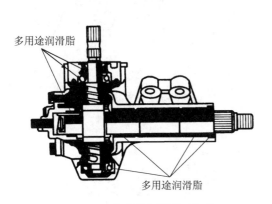

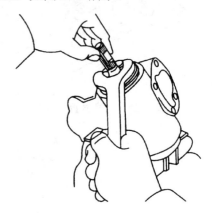

图3-28 涂多用途润滑脂的部位　　　图3-29 轴承调整螺钉的装配

(3) 固定调整螺钉,拧紧锁紧螺母,如图3-30所示,其力矩为150N·m。

(4) 装上滚针轴承(滚针应涂多用途润滑脂),将循环球螺母置于蜗杆轴的中央,然后将扇形齿轮轴插入转向机壳,如图3-31所示。

(5) 在垫圈和端盖上涂以密封胶,尽可能拧松调整螺钉,装上端盖,如图3-32所示。

(6) 将蜗杆轴置于中间位置,其方法是数轴的总旋转周数,然后将轴旋转回此数的一半,做好记号,如图3-33所示。

(7) 调整总预紧力。用扭力扳手边测量预紧力,边旋转调整螺钉,直到预紧力合适为止,如图3-34所示。此时必须确保蜗杆轴置于中间位置,预紧力为0.8~1.1N·m。最后,固定调整螺钉,锁紧锁止螺母。

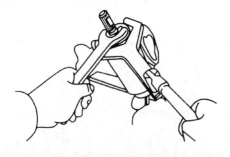
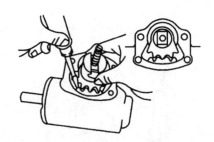

图3-30 拧紧锁紧螺母　　　图3-31 扇形齿轮轴插入转向机壳

(8) 对准记号,装好转向臂,如图3-35所示。然后,用百分表针抵在转向臂上,在表针不动的情况下,蜗杆轴在空挡左、右两侧都不应有超过5°的间隙。

(9) 注满新齿轮油,机油液位离顶部8~18mm,如图3-36所示。

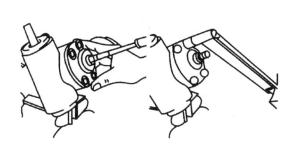

图 3-32 装配端盖

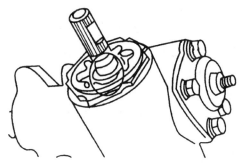

图 3-33 将蜗杆轴置于中间位置并做记号

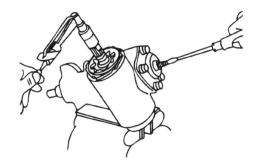

图 3-34 总预紧力的调整

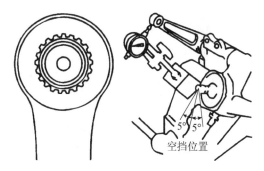

图 3-35 对准记号装转向臂

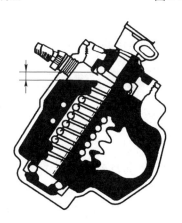

图 3-36 注满新齿轮油的高度位置

> **知识拓展**

汽车电子控制四轮驱动技术

汽车的驱动力来源于轮胎对地面的附着,四轮驱动充分利用了车轮对地面的附着,当然会获得很好的驱动性能。但转向时各轮的转弯半径不同,车轮转动的速度也就不同(内、外、前、后),因为四个轮不能通过刚性传动系统连接,所以必须在左、右两轮间,在前后驱动轴间设置差速器。由此带来的问题是四个轮的驱动力受与地面摩擦力最小的轮的限制,因此需要再设置差速锁。汽车电子控制四轮驱动技术是通过传感器感知四个轮路面的情况,通过微型计算机进行分析判断,通过电磁阀驱动,改变黏液耦合器的特性,在前、后驱动轴之间,在左、右轮上分配驱动力。

汽车在行驶中转向时,由于受侧向力的作用,前轮有转向不足的特性,后轮有过度转向的倾向。后者会引起汽车失去转向行驶的稳定性,车速越高问题越明显,甚至出现侧滑翻车。解决措施一般是通过使后轮在与前轮相同的方向转动 1°~2°角进行补偿。电子控制四轮转向技术是通过传感器感知前轮的转速、方向盘转角、车身的偏转等,通过微型计算机处理,由伺服电动机驱动后轮转向,响应时间在几十毫秒内。

 故障案例

1. 转向沉重

1) 现象

汽车在行驶中驾驶员向左、向右转动转向盘时,感到沉重费力,无回正感;当汽车低速转弯行驶和调头时,转动转向盘感到超乎正常的沉重,甚至打不动。

2) 原因

(1) 转向器轴承装配过紧。

(2) 传动副啮合间隙过小。

(3) 横、直拉杆球头销装配过紧或插头缺油。

(4) 转向节主销与衬套配合过紧。

(5) 转向轴或柱管弯曲,互相摩擦或卡住。

(6) 转向装置润滑不良。

(7) 轮胎气压不足或前束调整不当。

3) 故障诊断

(1) 检查前轮轮胎气压是否过低,如过低则按要求充气,否则进行下一步。

(2) 顶起前轴(桥),使前轮悬空,转动转向盘。若感到明显轻便省力,则故障在前轮、前桥或车架。若转向仍然沉重费力,则拆下转向摇臂,转动转向盘,如感觉沉重则故障在转向器或转向操纵机构,此时应检查、调整转向器的轴承紧度和传动副啮合间隙。若转动转向盘有松紧不均或卡住现象,则应拆下转向轴检查传动副及轴承有无损坏,转向轴与柱管有无摩擦或卡住现象,必要时进行修理或更换。

(3) 若上述情况均正常良好,则应检查前轴和车架是否变形,前束是否符合标准,必要时调整前束。

2. 转向不稳

1) 现象

汽车在转向时,车轮转向不稳。

2）原因

（1）转向器轴承过松。

（2）传动副啮合间隙过大。

（3）横、直拉杆球头销磨损严重。

（4）转向节主销与衬套磨损严重，配合间隙过大。

（5）前轮毂轴承松旷。

（6）前轴弯曲。

（7）车架和轮辋变形。

（8）前束过大。

3）故障诊断

（1）一人转动转向盘，另一人在车下察看传动机构，如转向盘转了许多而转向摇臂并不转动，则故障在转向器；如转向摇臂转动了许多而前轮并不偏转，则故障在传动机构。如果故障在转向器，则检查传动副啮合间隙，必要时进行调整；如果故障在传动机构，则检查转向摇臂以及直、横拉杆各球头销是否松旷，必要时进行调整。

（2）经检查上述情况良好，则应架起前轴并用手推动车轮，检查转向节、主销与衬套、前轮毂轴承是否松旷，必要时进行调整或修理。

（3）若转向盘经过上述检查、调整后仍不稳定，则检查前轴和车架及轮辋是否变形，前束是否符合标准规定，必要时进行调整或修理。

3. 车轮回正不良

1）现象

汽车回正时，车轮不能很好地回正。

2）原因

（1）转向车轮轮胎气压不足。

（2）前轮定位失准。

（3）转向器齿轮调整不良或损坏。

3）故障诊断

（1）按标准充气。

（2）检查调整前轮定位。

（3）调整转向器或更换损坏的齿轮。

4. 单边转向不足

1）现象

汽车转向时，一侧的转向不足。

2）原因

（1）转向摇臂在转向摇臂轴上装配位置不合适。

（2）有一边前轮转向角限位螺钉过长。

（3）直拉杆弯曲变形。

（4）前钢板弹簧骑马螺（U形螺栓）栓松动或中心螺栓折断。

(5) 中心不对称的前钢板弹簧前后装反。

3) 故障诊断

(1) 若汽车转向原来良好，由行驶中的碰撞而造成转弯半径一边大一边小时，则检查直拉杆、前轴、前钢板弹簧有无变形和中心螺栓是否折断。

(2) 若在维修后出现单边转向不足，可架起前桥，先检查转向摇臂是否装配正确。可将转向盘向一边转到尽头，再回到另一尽头，记住转向盘转动的总圈数，然后检查转向摇臂的位置，即在总转动圈数的一半时前轮是否在居中的位置。倘若位置不对，则应拆下转向摇臂另行安装。若摇臂位置始终不能使前轮对中，则应检查直拉杆有无弯曲变形。若转向角不等仅是受到转向限位螺钉不同长度的影响，则应调整限位螺钉。

(3) 对于中心不对称的前钢板弹簧，则应检查是否有装反现象。

5. 转向盘自由转动量过大

1) 现象

汽车保持直线行驶状态或静止不动时，转向盘左、右转动的游动角度过大。

2) 原因

(1) 转向器内主、从动啮合部位间隙过大或主、从动部位轴承松旷。

(2) 转向盘与转向轴连接部位松旷。

(3) 转向摇臂与转向摇臂轴连接松旷。

(4) 直、横拉杆球头连接部位松旷。

(5) 直、横拉杆臂与转向节连接松旷。

(6) 转向节、主销与衬套磨损后松旷。

(7) 车轮轮毂轴承间隙过大。

3) 故障诊断

(1) 更换轴承或调整轴承紧度。

(2) 更换球头。

(3) 调整转向器齿轮啮合间隙或更换损坏的齿轮。

任务二　　液压助力转向器故障检修

 情境描述

李小姐驾驶一辆使用两年多的桑塔纳 2000GSi 轿车来到维修车间，向维修顾问反应她的车辆近期在转向时特别沉重。我们作为维修技工，需要根据维修手册，使用诊断检测仪器，参考相关资料排除故障，并在最终检验合格后交付前台。

项目三 汽车底盘转向系统检修

相关知识

一、液压转向系统概述

1. 液压转向系统的定义

液压转向系统是将发动机输出的部分机械能转化为压力能（或电能），并在驾驶员控制下，对转向传动机构或转向器中某一传动件施加辅助作用力，使转向轮偏转，以实现汽车转向的一系列装置。

2. 液压转向系统的作用

液压转向系统的作用是减小汽车转向时，驾驶员施加给转向盘的力，提高驾驶舒适性。

3. 液压转向系统的类型

液压转向系统有液压助力转向系统（油泵）、气压助力转向系统（压缩机）和电动机助力转向系统三种类型。

4. 对液压转向系统的要求

① 液压转向系统只有在汽车转向时才提供转向力。
② 液压转向系统的响应要迅速。
③ 根据汽车转向阻力的不同，液压转向系统应有不同的输出力。
④ 当车速低或路面条件不好时，液压转向系统的输出力要大，要提供大部分的转向力；当车速高时，液压转向系统的输出力要小，避免驾驶员失去转向路感。
⑤ 液压转向系统密封要好，避免漏油。

二、液压转向系统的类型

汽车液压液压转向系统根据系统内部的压力分为常压式液压助力转向系统和常流式液压助力转向系统。

1. 常压式液压助力转向系统

该系统的组成部分有油罐、油泵、储能器、控制阀、液压缸等，如图 3-37 所示，其特点是无论转向盘处于中立位置还是转向位置，也无论转向盘保持静止状态还是运动状态，系统工作管路中总是保持高压。不转向时，转向控制阀处于关闭状态，只要转向，系统就给转向液压缸提供压力，转向控制阀壳体与车轮有连接关系，壳体与阀同向运动，反应迅速。

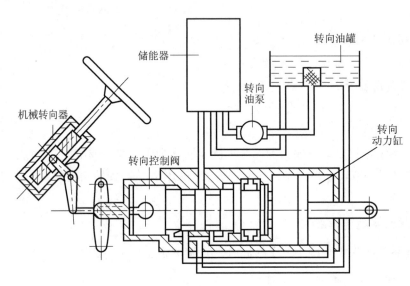

图 3-37 常压式液压助力转向系统

2. 常流式液压助力转向系统

该系统的组成部分有油罐、油泵、控制阀、液压缸（动力缸）等，如图 3-38 所示。其特点是转向油泵始终处于工作状态，在液压助力系统不工作时，基本处于空转状态。不转向时，转向控制阀保持开启，活塞两边与低压管路接通，转向油泵基本处于空转状态，系统中压力很小。转向时，液压缸的工作腔与油泵相通，与回油管路隔绝，另一腔与油泵隔绝，与回油管路相同，从而建立压力。

3. 常压式与常流式液压助力转向系统的比较

1）常压式液压转向系统

（1）优点：

① 系统中一直存在油压，响应快。

② 用储能器积蓄能量，可使用较小的油泵。

③ 油泵不运转情况下可以保持一定的转向加力能力。

（2）缺点：

① 容易引起压力漏油；

② 油泵总要保持系统的压力，会降低油泵的寿命；

③ 储能器占用一定的空间；

④ 燃油消耗率高；

（3）应用：少数重型汽车。

动画 3-8 液压动力转向原理

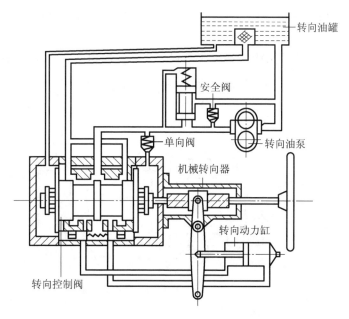

图 3-38 常流式液压助力转向系统

2）常流式液压助力转向系统

（1）优点：

① 结构简单；

② 油泵寿命长；

③ 泄漏少；

④ 消耗功率低。

（2）缺点：

① 转向后才建立系统压力，响应慢；

② 为提高相应的速度需要使用较大的油泵；

（3）应用：广泛用于各种汽车。目前汽车上使用的多是常流式液压助力转向系统。

三、液压助力转向系统的重要组成

1. 转向控制阀

转向控制阀按结构分为滑阀式转向控制阀和转阀式转向控制阀两种。

1）滑阀式转向控制阀

阀体沿轴向移动来控制油液流量的转向控制阀，称为滑阀式转向控制阀，简称滑阀。其特点为滑阀式转向控制阀靠阀体的移动控制油液流量，需要较大的轴向安装和运动空间。常流式滑阀的结构如图 3-39 所示，其工作原理为当阀体处于中间位置时，阀体两个凸棱边与阀套的环槽形成四条缝隙，中间的两个缝隙分别与液压缸的左、右腔相同，两边的两个缝隙与回油道相同。实际上阀体移动并未将缝隙完全堵住时，一侧缝隙增大，另一侧缝隙减小就可以在液压缸活塞两侧形成压力差，并实现助力作用，此压力差随阀体与阀套的进一步相对移动将变大。常压式滑阀与常流式滑阀的工作原理相通，仅仅是凸棱的宽度不一样。

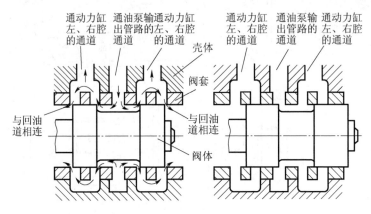

图 3-39 常流式滑阀

2）转阀式转向控制阀

阀体绕其轴线转动来控制油液流量的转向控制阀，称为转阀式转向控制阀。其特点为转阀式转向控制阀靠阀体的转动控制油液流量，体积小，容易小型化，加工要求精度高。

该控制阀（如图 3-40 所示）的结构包括 3 个连通的进油通道 B，3 个进油通道 L、R 与液压缸的左、右腔相连；卸油腔 G 与储油罐相连。

当阀体转过一个角度后，阀体封闭 L 和 R 中的一个通道，打开另一个通道。

2. 转向油泵

转向油泵的示意图如图 3-41 所示。目前，转向油泵大多采用双作用式叶片泵。当转子转动时，叶片在离心力和高压油作用下紧贴在定子的内表面上，从进油口吸入油液；之后，工作容积由大变小，压缩油压，经出油口向外供油。转子每旋转一周，每个工作腔都吸、压油两次，故将这种形式的叶片泵称为双作用式叶片泵。

当汽车原地转向或低速行驶时，发动机怠速运转，油泵的转速也较低，而此时转向阻力较大，要求转向油泵能供给助力转向系足够流量的油液。当车速增加时，转向阻力变小，如果没有流量控制阀，则转向油泵的供油量将大大超过助力转向的需要，过量的循环油液将使转向过分灵敏，转向操纵性变坏，同时油泵所消耗的功率也会增大。为此，必须设置流量控制阀以限制油泵输出，保证助力转向系能正常工作。流量控制阀的示意图如图 3-42 所示，其作用是避免发动机转速过高时，流量过大，导致系统的功率消耗过多和油温过高。

当流量过大时，出油腔与出油口的压差增大，流量控制阀上、下腔的压差增加，导致弹簧被压缩柱塞上移，从而将出油腔与进油腔接通，使系统的流量降低。

视频 3-4 液压式动力转向器的拆卸

动画 3-9 转阀的结构和工作原理

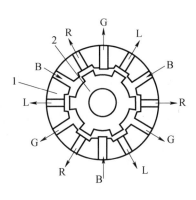

图 3-40 动力转向器分配阀

1—阀套；2—阀芯；R—接右转向动力腔；
L—接左转向动力腔；B—接转向油泵；
G—接转向油罐

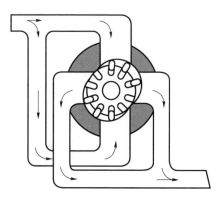

图 3-41 转向油泵

转向油泵工作时，若转向阻力过大或操作不当，助力转向系统内的油液压力将会过高，有可能使系统因过载而损害。因此，系统中还必须装设限制系统最高压力的安全阀，装在流量控制阀内的安全阀如图 3-43 所示。当油泵输出压力达到规定的最高值时，球阀开启，出油口和进球腔接通，从而使出油口压力降低。

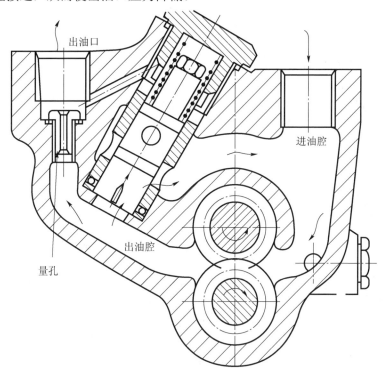

图 3-42 流量控制阀示意图

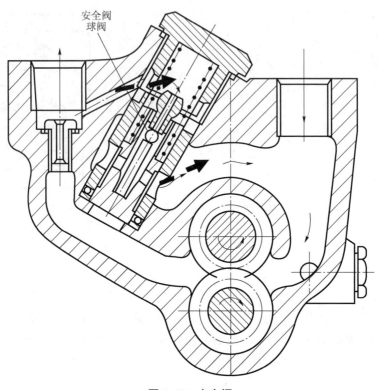

图 3-43 安全阀

四、液压助力转向系统的布置方案

在此以常流式液压助力转向系统为例介绍常流式液压助力转向系统的布置方案，按机械转向器、转向控制阀和液压缸的三者的组合及位置关系，分为三种，如图 3-44 所示。

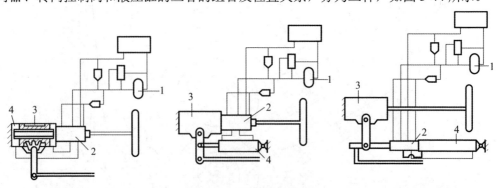

(a) 带整体式液压转向器　　(b) 带半整体式液压转向器　　(c) 带转向加力器

1-转向液压泵；2-转向控制阀；3-机械转向器；4-转向动力缸

图 3-44 常流式液压助力转向系统

1. 带半整体式液压转向器的液压助力转向系统

转向控制阀和机械转向器组合成一个部件，而转向液压缸作为独立部件。

2. 带转向加力器的液压助力转向系统

机械转向器作为独立件,控制阀和液压缸组合成一个部件,称为转向加力器。

3. 带整体式液压转向器的液压助力转向系统

将转向控制阀、转向液压缸与机械转向器组合成一个整体,安装在转向轴的下端,这种转向装置结构紧凑、输油管路简单、布置容易,在轿车上有广泛应用。

目前国产轿车上大部分都采用了整体式液压转向器,图 3-45 所示为捷达轿车带整体式液压转向器的常流式液压助力转向系示意图。齿轮齿条式机械转向器、转向液压缸和转阀式转向控制阀设计成一体,组成整体式液压转向器,如图3-46 所示。

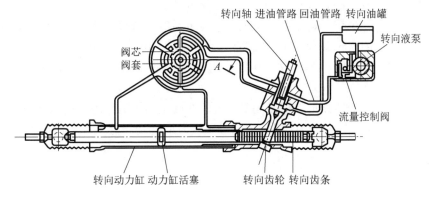

图 3-45　捷达轿车带整体式液压转向器的常流式液压转向示意图

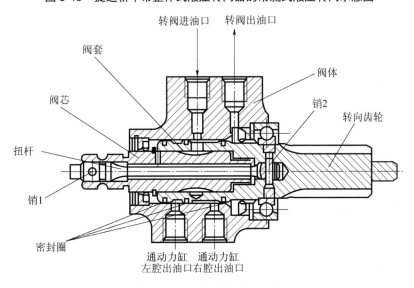

图 3-46　整体式液压转向器

转向控制阀的阀芯与转向轴的末端相连,扭杆用销 1 与阀芯连接,用销 2 与转向齿轮连接,阀套和转向齿轮加工成一体,因而转向轴通过扭杆带动转向齿轮转动。转向液压缸活塞与转向齿条制成一体,活塞将液压缸分成左、右两个腔。

直行时，转阀处于中立位置，由转向油罐、转向油泵、流量控制阀等组成的供能装置输出的油液流入转阀进油孔进入阀腔。由于转阀处于中立位置，它使液压缸的两腔相通，油液将经回油管路流回油罐，所以转向液压缸完全不起作用。

当刚一开始向右转动转向盘时，转向轴连同阀芯顺时针转动，因受到转向节臂传来的路面转向阻力，液压缸活塞和齿条暂时都不能运动，转向齿轮暂时也不能随转向轴转动。这样，由转向轴传到转向齿轮的转矩只能使扭杆产生少许扭转变形，使转向轴相对于转向齿轮转过一定角度，即阀芯和阀套之间产生相对角位移，从而使液压缸右腔成为高压的进油腔，左腔成为低压的回油腔。作用在液压缸活塞上向左的液压作用力帮助转向齿条左移，转向齿轮开始向右偏转。同时转向齿轮本身也开始与转向轴同向转动，只要转向盘停止转动，扭杆的扭转变形便一直保持不变，阀芯和阀套的相对角位移也不变。

当转向盘停在某一位置不再继续转动时，液压缸暂时仍继续工作，导致转向齿轮继续转动一个角度，使扭杆的扭转变形减小，阀芯和阀套的相对角位移量减小，左、右腔油压差减小，但仍有一定的助力作用，此时的助力力矩与车轮的回正力矩相平衡，使车轮维持在某一转向位置上。

转向后需回正时，若驾驶员放松转向盘，车轮在回正力矩的作用下自动回位，此时阀芯和阀套没有相对角位移，失去助力作用。若驾驶员同时回转转向盘，则液压转向器反向助力，帮助车轮回正。

 任务实施

1. 主要内容及目的

（1）熟悉液压转向加力泵的结构。
（2）掌握液压转向加力泵的拆装方法。
（3）掌握液压转向加力泵的检修工艺。

2. 技术标准及要求

（1）按正确的操作步骤进行拆装与检查。
（2）有关技术参数必须符合维修技术标准要求。
（3）操作规范，安全文明作业。

3. 实训设备与器材

液压转向加力泵1台，小刀口尺1把，塞尺1把，空气压缩机1台，维修工具1套。

4. 操作步骤及工作要点

1）液压转向加力泵的组成

液压转向加力泵的组成如图3-47所示。

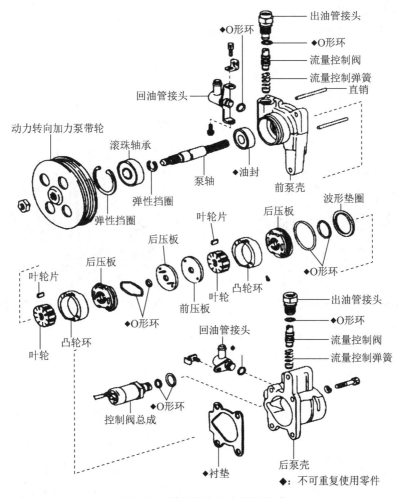

图 3-47 液压转向加力泵的组成

2）液压转向加力泵的拆卸
（1）用台虎钳夹住液压转向加力泵（不要夹得太紧），拆下传动带轮，如图 3-48 所示。
（2）拆下液压转向提速（怠速提升）控制阀，如图 3-49 所示。

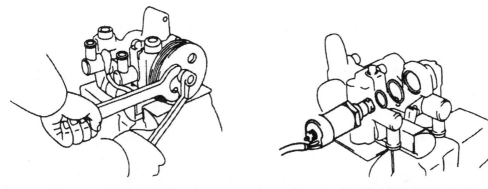

图 3-48　传动带轮的拆卸　　　　图 3-49　液压转向提速控制阀的拆卸

（3）拆下回油管插头，如图3-50所示。

（4）拆下流量控制阀及弹簧，如图3-51所示。

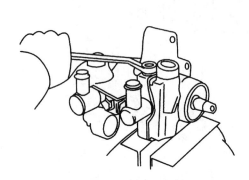

图3-50 回油管插头的拆卸

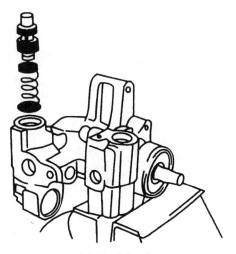

图3-51 流量控制阀及弹簧的拆卸

（5）拆下后泵壳、后端板，如图3-52所示。

（6）拆下叶轮泵轴、凸轮环及叶片，如图3-53所示。

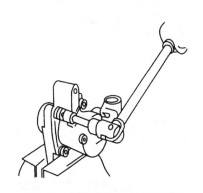

图3-52 后泵壳和后端板的拆卸

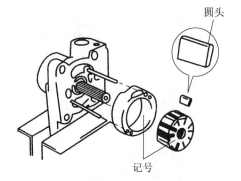

图3-53 叶轮泵轴、凸轮环及叶片的拆卸

3）液压助力泵的检修

（1）泵轴和轴套配合间隙的检测。检测方法如图3-54所示，间隙值应小于0.07mm，否则，应更换整个加力泵。

（2）叶轮、凸轮环及叶轮片的检测。检查凸轮环内圈及叶轮片是否磨损或被划伤，如图3-55所示，用塞尺测量叶轮槽与叶轮片之间的间隙，该间隙应在0.25～0.85mm之间，否则，应更换叶轮和叶片。叶片与凸轮环的轴向高度差应小于0.02mm，否则，应更换总成。更换新件时，应选择标刻的记号系列相同的凸轮环和叶轮，如图3-56所示。

（3）流量控制阀的检查。

① 在流量控制阀上涂一层液压转向油，流量控制阀应在其自身重量作用下平滑地落入

阀孔，如图 3-57 所示，否则应予更换，选择的新件应刻有与前泵壳相同的字母，如 A、B、C、D 或 F。

② 检查控制阀是否漏油，如图 3-58 所示，关闭其中的一个孔，从另一个孔输入 392~490kPa 的压缩空气，空气应不会从端孔中漏出，否则应予更换。

（4）控制阀弹簧的检查，弹簧如有弯曲变形则应予更换。

（5）装配时应更换所有油封、O 形环。

4）液压助力泵的装配

（1）装配前，先在所有零件的滑动表面涂上一层液压转向液压油。

（2）装上凸轮环、叶轮和叶轮片（注意：叶轮上有向前记号），前压板前、后各有 1 个 O 形环。

（3）装上后泵壳，如图 3-59 所示，装好后泵壳后，泵轴应转动灵活且无噪声。

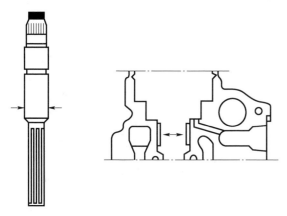

图 3-54 泵轴和轴套配合间隙的检测　　　图 3-55 叶轮、凸轮环及叶轮片的检测

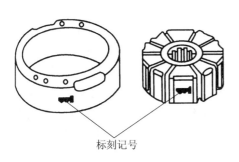

图 3-56 凸轮环和叶轮上标刻的记号　　　图 3-57 流量控制阀平滑地落入阀孔

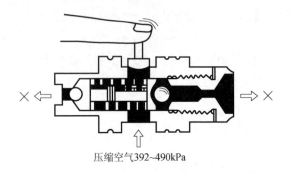

图 3-58 控制阀是否漏油的检查

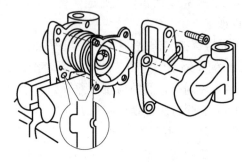

图 3-59 后泵壳的装配

（4）装配流量调节弹簧、流量控制阀及其余附件，如图 3-60 所示。

（5）装配液压转向提速控制阀，如图 3-61 所示。

（6）装配带轮。

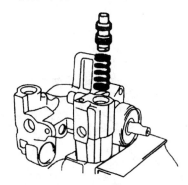

图 3-60 流量控制阀等附件的装配

图 3-61 液压转向提速控制阀的装配

知识拓展

线控转向系统

线控转向系统一般由转向盘模块、转向执行模块和主控制器 ECU、自动防故障系统以及电源等模块组成，转向盘模块包括路感电动机和转向盘转角传感器等。

线控转向系统的工作原理：当转向盘转动时，转向传感器和转向角传感器检测到驾驶员转矩和转向盘的转角并转变成电信号输入到 ECU，ECU 根据车速传感器和安装在转向传动机构上的位移传感器的信号来控制转矩，反馈电动机的旋转方向，并根据转向力模拟，生成反馈转矩，控制转向电动机的旋转方向、转矩大小和旋转角度，通过机械转向装置控制转向轮的转向位置，使汽车沿着驾驶员期望的轨迹行驶。

线控电动转向系统的特点如下。

（1）提高了驾驶员的安全性：由于减少了转向柱等机械机构，使得驾驶员周围空间变大，正面碰撞时对驾驶员的伤害大大降低。另外，安全气囊与驾驶员间的距离加大，使得安全气囊可以张得更大，增强了对驾驶员的保护。

（2）提高了汽车的操纵性：由于可实现传动比的任意设置，并针对不同的车速、转向状况进行参数补偿，从而提高了汽车的操纵性。

（3）提高汽车的全面智能化：线控转向系统可以和其他设备，如防碰撞、自动导航、自动驾驶等系统结合起来，最终实现汽车的全面智能化。

（4）改善驾驶员的路感：在线控转向系统中路感由模拟生成，可以提取最能够反映汽车实际行驶状态和路面状况的信息，作为转向盘回正力矩的控制变量，使转向盘仅向驾驶员提供有用信息，从而提供更真实的路感。

 故障案例

动力转向系常见故障诊断

液压动力转向系实际上是机械转向器加液压助力器。转向系故障前面已叙述，因此动力转向系的故障，就是指常见液压传动部分的泄漏、渗进空气、油泵工作不良、转向控制阀失效等引起的转向沉重、跑偏等。

1. 转向沉重

1) 原因

（1）油箱缺油或油液高度不足或滤清器堵塞。
（2）回路中有空气。
（3）油泵磨损，内部泄漏严重，或驱动带打滑。
（4）安全阀泄漏，弹簧太软或调整不当。
（5）动力缸或转向控制阀密封圈损坏。
（6）各油管插头泄漏。

2) 故障诊断

（1）检查油泵传动带是否打滑或其他驱动形式的齿轮传动等有无损坏。
（2）检查转向器、转向控制阀、油泵、动力缸、各油管插头等有无渗漏。
（3）从油箱检查油质及油面高度。若发现油中有泡沫，则可能是油路中有空气。此时，可架起前桥或拆下直拉杆，起动发动机怠速运转，反复将转向盘从一个尽头转到另一个尽头，使动力缸在全行程往复运动，逐步排除油路中的空气。最后添加油液至规定高度。
（4）检查油泵、安全阀、动力缸是否良好。接上与规定油压相适应的压力表和开关。打开开关，转动转向盘到尽头，起动发动机低速运转。这时，若油压表读数达不到该车型规定压力值，且在逐步关闭开关时，油压也不提高，说明油泵有故障或安全阀未调整好。若油压表读数达到规定值，在逐步关闭开关时压力有所提高，说明油泵良好，故障在动力缸或转向控制阀上。

2. 汽车直线行驶时，转向盘发飘或跑偏

1) 原因

（1）转向控制阀回位弹簧损坏或太软，难以克服转向器逆传动阻力，使滑阀不能及时回位。

(2) 因油液脏污使滑阀运动受到阻滞。

(3) 由于滑阀与阀体台阶位置偏移使滑阀不在中间位置。

(4) 流量控制阀卡住使油泵油量过大或油压管道布置不合理，导致油压系统管道节流损失过大，使动力缸左、右腔压力差过大。

2) 故障诊断

(1) 检查油液是否脏污，新车或大修后的车辆不认真执行走合维护的换油规定，往往使油液脏污。

(2) 对于使用较久的车辆，则可能是流量控制阀或转向控制阀反作用弹簧失效所致，可在不起动发动机的情况下，转动转向盘，凭手感判断滑阀是否开启，且能否运动自如。若有怀疑，一般应拆卸检查。

3. 左、右转向轻重不同

1) 原因

(1) 转向控制阀的滑阀偏离中间位置，或虽在中间位置但与阀体台肩的缝隙大小不一致。

(2) 滑阀内有脏物阻滞，使左、右移动时阻力不一样。

(3) 调整螺母调整不当。

2) 故障诊断

这种故障多系油液脏污所致，应换新油。如果油液良好，对可调式转向控制阀，应将调整螺母重新调整，或拆开转向控制阀检查缝隙台肩是否有飞边，滑阀位置是否居中等。

4. 快速转向时转向盘感到沉重

1) 原因

(1) 油泵传动带打滑。

(2) 流量控制阀弹簧过软。

(3) 安全阀、流量控制阀泄漏严重。

(4) 油泵磨损过甚。

(5) 油泵选型不对，使供油不足。

2) 故障诊断

这种故障多系供油量不足所致。因此，除应先检查传动带有无打滑，油箱存油是否符合规定外，可以顶起前桥，接上压力表及开关，进行快慢转向试验。同时变更发动机转速进行实验，根据压力变化做出诊断。

5. 转向时有噪声

1) 原因

(1) 油箱中油面过低，油泵在工作时容易吸进空气。

(2) 油路中存有空气。或油泵传动带过松。

(3) 滤油器滤网堵塞，或因其破裂造成油管堵塞。此时，需更换滤清器。

(4) 各管路插头松动或油管破裂。此时，需更换油管。

(5) 油泵损坏或磨损严重。此时，需更换动力转向装置。

2）故障诊断

（1）检查油箱液面高度，若缺油液，应加注液压油至标准高度。

（2）检查油泵传动带是否打滑。必要时调整传动带紧度。

（3）查看油液中有无泡沫，若有泡沫，应查找漏气处，并排除动力转向装置中的空气。

项目四　汽车底盘制动系统检修

按照需要使汽车减速或在最短离内停车,下坡行驶时保持车速稳定,使停驶的汽车可靠驻停。当汽车行驶在宽阔平坦、车流和人流都较少的路况时,可以通过高速行驶提高运输生产效率。但汽车在行驶过程中也会遇到复杂多变的路面状况,如进入弯道、行经不平道路、两车交会、突遇障碍物等,为了保证行驶安全,就要求汽车在尽可能短的距离内将车速降低,甚至停车。此外,汽车下长坡时,在重力产生的下滑力作用下,汽车有不断加速到危险程度的趋势,此时应将车速限定在安全值内,并保持相对稳定。对停驶的汽车,特别是在坡道上停驶的汽车应使之可靠地驻留原地不动。

能力目标	知识要点	权重
(1)能正确选择工具并按操作规范对车轮制动器、驻车制动器进行拆装 (2)能按操作规范对制动油液进行更换	(1)掌握制动系统的组成及工作原理 (2)掌握制动器的组成及工作原理 (3)掌握盘式、鼓式制动器拆装工艺	30%
(1)能调整制动踏板自由行程,制动蹄与制动鼓或制动盘的间隙 (2)能按操作规范对制动系各组成部件进行检修	(1)掌握盘式、鼓式制动器技术标准及检修项目 (2)掌握驻车制动器的种类、技术标准及检修项目	60%
运用知识分析案例,并制定故障排除方案		10%

任务一　制动器故障检修

 情境描述

李小姐驾驶一辆使用两年多的桑塔纳 2000GSi 轿车来到维修车间,向维修顾问反应她的车辆近期在行驶中制动力不足,踩一次制动踏板不能减速。连续踩几脚,踏板能升高,但制动效果仍不见好转。我们作为维修技工,需要根据维修手册,使用诊断检测仪器,参考相关资料排除故障，并在最终检验合格后交付前台。

 相关知识

一、制动系的功能

制动系统，简称制动系，其功能为按照需要使汽车减速或在最短距离内停车；下坡行驶时保持车速稳定；使停驶的汽车可靠驻停。

为了保证汽车安全行驶，提高汽车的平均行驶车速，以提高运输生产率，在各种汽车上都设有专用的制动机构。这样的一系列专门装置即称为制动系统。

二、制动系的组成

制动系的组成如图 4-1 所示。

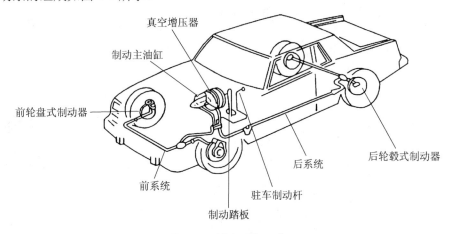

图 4-1 制动系的组成

为完成汽车制动系的作用，现代汽车上一般设有以下几套独立的制动系。

1）行车制动系

用于使行驶中的车辆减速或停车，制动器安装在全部的车轮上，通常由驾驶员用脚操纵。

2）驻车制动系

用于使停驶的汽车驻留原地，通常由驾驶员用手操纵。

3）应急制动、安全制动和辅助制动系

应急制动装置是用独立的管路控制车轮的制动器，作为备用系统，其作用是当行车制动装置失效的情况下保证汽车仍能实现减速或停车。安全制动装置是当制动气压不足时起制动作用，使车辆无法行驶。辅助制动装置是为了下长坡时减轻行车制动器的磨损而设，其中利用发动机排气制动应用最广。

汽车上设置有彼此独立的制动系统，它们起作用的时刻不同，但它们的组成却是相似的，一般由以下四个组成部分：

供能装置：包括供给、调节制动所需能量及改善传能介质状态的各种部件，如气压制动系中的空气压缩机、液压制动系中人的肌体。

控制装置：包括产生制动动作和控制制动效果的各种部件，如制动踏板等。

传动装置：将驾驶员或其他动力源的作用力传到制动器，同时控制制动器的工作，从而获得所需的制动力矩，包括将制动能量传输到制动器的各个部件，如制动主缸、制动轮缸等。

制动器：产生阻碍车辆的运动或运动趋势的力的部件。

特别提示

较为完善的制动系还包括制动力调节装置、报警装置及压力保护装置等。

三、制动系的工作原理

以一定速度行驶的汽车，具有一定的动能。要使它减速或停车，路面必须强制地对汽车车轮产生一个阻止汽车行驶的力——制动力。这个力的方向与汽车行驶的方向相反。制动就是将汽车的动能强制地转化为热能，扩散于大气中。

制动力是如何产生的呢？

如图 4-2 所示是制动系的工作原理，在此借助该图简要说明制动力的形成过程。

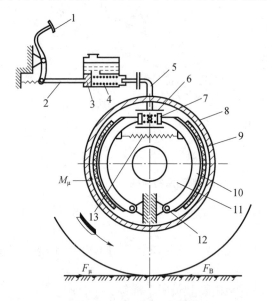

动画 4-1
行车制动

动画 4-2
驻车制动

图 4-2 制动系的工作原理

1—制动踏板；2—主缸推杆；3—主缸活塞；4—制动主缸；5—油管；6—制动轮缸；7—轮缸活塞；
8—制动鼓；9—摩擦片；10—制动蹄；11—制动底板；12—支承销；13—制动蹄回位弹簧

行车制动系由车轮制动器和液压传动机构两部分组成。车轮制动器的旋转部分是制动鼓 8，它固定于轮毂上，与车轮一起旋转。固定部分是制动蹄 10 和制动底板 11 等。制动蹄上铆有摩擦片，其下端套在支承销上，上端用回位弹簧拉紧压靠在轮缸 6 内的活塞上。支承销和轮缸都固定在制动底板上，制动底板用螺钉与转向节凸缘（前桥）或桥壳凸缘（后桥）固定在一起。制动蹄靠液压轮缸使其张开。

不制动时，制动鼓的内圆柱面与摩擦片之间保留一定间隙，制动鼓可以随车轮一起旋转。制动时，驾驶员踩下制动踏板，主缸推杆便推动制动主缸内的活塞 7 前移，迫使制动液经管路进入轮缸，推动轮缸的活塞向外移动，使制动蹄克服回位弹簧的拉力绕支承销转动而张开，消除制动蹄与制动鼓之间的间隙后压紧在制动鼓上。此时，不旋转的制动蹄摩擦片对旋转的制动鼓就产生一个摩擦矩，其方向与车轮的旋转方向相反。制动鼓将此力矩传到车轮后，由于车轮与路面的附着作用，车轮即对路面作用一个向前的圆周力 F_μ，与此相反，路面会给车轮一个向后的反作用力，这个力就是车轮受到的制动力 F_B。各车轮制动力的总和就是汽车受到的总的制动力。放松制动踏板，在回位弹簧的作用下，制动蹄与制动鼓的间隙又得以恢复，从而解除制动。

四、制动系的类型

1）按制动系的功用分类

按功能的不同汽车制动系可以分为行车制动系、驻车制动系以及应急制动、安全制动和辅助制动系。

2）按制动系的制动能源分类

按照制动能源分类，汽车制动系又可以分为人力制动系、动力制动系和伺服制动系。人力制动系是以驾驶员的肌体作为唯一制动能源的制动系，动力制动系是完全由发动机的动力转化而成的气压或液压形式的势能进行制动的制动系，伺服制动系是兼用人力和发动机动力进行制动的制动系。

五、对制动系的要求

为保证汽车能在安全的条件下发挥出高速行驶的能力，制动系必须满足下列要求：

（1）具有良好的制动效能——迅速减速直至停车的能力。

（2）操纵轻便——操纵制动系所需的力不应过大。

（3）制动稳定性好——制动时，前、后车轮制动力分配合理，左、右车轮上的制动力矩基本相等，使汽车制动过程中不跑偏、不甩尾。

（4）制动平顺性好——制动力矩能迅速而平稳地增加，也能迅速而彻底地解除。

（5）散热性好——连续制动时，制动鼓和制动蹄上的摩擦片因高温引起的摩擦系数下降要小；水湿后恢复要快。

（6）对挂车的制动系，还要求挂车的制动作用略早于主车，挂车自行脱挂时能自动进行应急制动。

六、制动器

制动器是制动系中用以产生阻碍车辆的运动或运动趋势的力的部件，一般制动器都是通过对其中的固定元件、旋转元件施加制动力矩使后者的旋转角速度降低，同时依靠车轮与路面的附着作用，产生路面对车轮的制动力使汽车减速。

凡利用固定元件与旋转元件工作表面的摩擦而产生制动力矩的制动器都称为摩擦制动器，除各种缓速装置以外，行车、驻车及第二制动系所用的制动器几乎都属于摩擦制动器。

旋转元件固装在车轮或半轴上，将制动力矩直接分别作用于两侧车轮上的制动器称为车轮制动器。根据摩擦副中旋转元件结构形式的不同，汽车上所用的车轮制动器可分为鼓式制动器和盘式制动器两种，如图4-3所示。它们的区别在于前者的摩擦副中旋转元件为制动鼓，其工作表面为圆柱面；后者的旋转元件则为圆盘状的制动盘，以端面为工作表面。

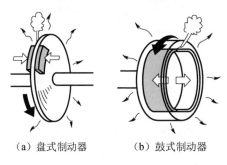

（a）盘式制动器　　（b）鼓式制动器

图4-3　制动器的类型

动画4-3　制动原理及制动蹄受力简图

1. 鼓式制动器

1）鼓式制动器的结构

简单的鼓式车轮制动器由旋转部分、固定部分、促动装置和定位调整装置组成。

（1）旋转部分。旋转部分多为制动鼓。制动鼓通常为浇铸件，对于受力小的制动鼓也可用钢板冲压而成，如图4-4所示。

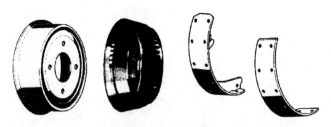

图4-4　制动鼓和制动蹄

（2）固定部分。固定部分是制动底板和制动蹄。制动底板固装在车桥的凸缘盘上，通过支承销与制动蹄相连。制动蹄常用钢板冲压后焊接而成或由铸铁或轻合金烧铸，采用T型截面，以增大刚度，摩擦片采用黏接或铆接的方式固定于制动蹄上，如图4-4所示。

（3）促动装置。促动装置的作用是对制动蹄施加力使其向外张开。常用的促动装置有制动凸轮和制动轮缸，如图4-5所示。

（4）定位调整装置。制动蹄在不工作时，其摩擦片与制动鼓之间应有合适的间隙，此间隙一般在0.25～0.5mm之间。间隙过小易造成制动解除不彻底，但间隙过大又将使制动踏板行程过大，以致驾驶员操作不便，同时也会推迟制动器起作用的时刻。但是在制动过程中，摩擦片的不断磨损必将导致此间隙逐渐增大。因此，各种形式的制动器均设有检查、调整此间隙的装置。

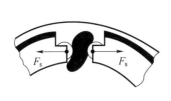
（a）制动凸轮

（b）制动轮缸

图 4-5　制动器的促动装置

> **特别提示**
> 定位调整装置的作用是保持和调整制动蹄和制动鼓间正确的相对位置。

2）鼓式制动器的工作原理

（1）制动器的工作过程

动画 4-4　鼓式制动器结构与原理

汽车行驶中不需要制动时，制动踏板处于自由状态，制动主缸无制动液输出，制动蹄在回位弹簧的作用下压靠在轮缸活塞上，制动鼓的内圆柱面与摩擦片之间保留一定间隙，制动鼓可以随车轮一起旋转。

制动时，驾驶员踩下制动踏板，主缸推杆便推动制动主缸内的活塞前移，迫使制动液经管路进入制动轮缸，推动轮缸的活塞向外移动，使制动蹄克服回位弹簧的拉力绕支承销转动而张开，消除制动蹄与制动鼓之间的间隙后压紧在制动鼓上。此时，不旋转的制动蹄摩擦片对旋转的制动鼓就产生一个摩擦力矩，其方向与车轮的旋转方向相反。

放松制动踏板，在回位弹簧的作用下，制动蹄与制动鼓的间隙又得以恢复，从而解除制动。

> **特别提示**
> 为了掌握车轮制动器的工作过程，此处应观看课件或拆卸的实物。

（2）制动蹄的增势和减势

如图 4-6 所示，汽车前进时制动鼓的旋转方向如箭头所示。在制动过程中，两制动蹄在相等的促动力 F_S 作用下，分别绕各自的支承点向外偏转紧压在制动鼓上。同时旋转的制动鼓对两蹄分别作用法向反力 N_1 和 N_2，以及相应的切向反力 T_1 和 T_2，T_1 作用的结果使得制动蹄 1 在制动鼓上压得更紧，则 N_1 变得更大，这种情况称为"助势"作用，相应的制动蹄被称为"领蹄"。与此相反，T_2 作用的结果使得制动蹄 2 有放松制动鼓趋势，即 N_2 和 T_2 有减小的趋势，这种情况称为"减势"作用，相应的制动蹄被称为"从蹄"。

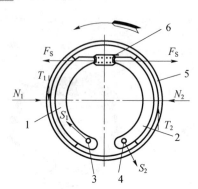

动画 4-5 领从蹄式制动器工作原理

图 4-6 领、从蹄式制动器示意图

1—领蹄；2—从蹄；3、4—支承点；5—制动鼓；6—制动轮缸

通过以上的分析，可得出这样的结论：虽然制动蹄 1、2 所受的促动力相等，但由于 T_1 和 T_2 的作用方向相反，使得两制动蹄所受到的法向反力 N_1 和 N_2 不相等，且 $N_1>N_2$，相应的 $T_1>T_2$。因此，两个制动蹄作用到制动鼓上的法向力不相等，对制动鼓所施加的制动力矩也不相等。

因为制动蹄对制动鼓的作用力不相等，所以两制动蹄的法向力之和只能由车轮轮毂轴承的反力来平衡，这样对轮毂轴承造成了附加径向载荷，轴承的寿命缩短。为解决这个问题，出现了各种不同的鼓式制动器。

3) 鼓式制动器

鼓式车轮制动器按其制动蹄促动装置的形式可分为轮缸式车轮制动器和凸轮式车轮制动器。根据制动时两制动蹄对制动鼓的径向作用力之间的关系，鼓式制动器可分为简单非平衡式制动器、平衡式制动器和自增力式制动器。

（1）非平衡式制动器。制动鼓受来自两制动蹄的法向力不能互相平衡的制动器称为非平衡式制动器。非平衡式车轮制动器的工作过程如图 4-7 所示，其结构特点是两制动蹄的支承点都位于蹄的下端，而促动装置的作用点在蹄的上端，共用一个轮缸张开，且轮缸活塞直径是相等的。其性能特点是汽车前进或倒车制动时，各有一个"领蹄"和"从蹄"。领、从蹄对制动鼓的法向作用力不相等，而这个不平衡的法向作用力只能由车轮的轮毂轴承来承担。

（2）平衡式制动器。制动鼓受来自两蹄的法向力互相平衡的制动器称为平衡式制动器。

① 单向平衡式制动器。单向平衡式制动器的结构如图 4-7 所示，其结构特点是两制动蹄各用一个单向活塞制动轮缸，且前、后制动蹄与其轮缸、调整凸轮零件在制动底板上的布置是中心对称的，两轮缸用油管连接。其性能特点是前进制动时两蹄均为"领蹄"，有较强的增力；倒车制动时两蹄均为"从蹄"，制动力较小。

② 双向平衡式制动器。双向平衡式制动器的结构如 4-8 所示，其结构特点是制动蹄、制动轮缸、回位弹簧均成对地对称布置，两制动蹄的两端采用浮式支承，且支点在周向位置浮动，用回位弹簧拉紧。其性能特点是汽车前进或倒车中制动时，两个制动蹄均为"领蹄"，均有较强的增力，制动效果好，蹄片磨损均匀。

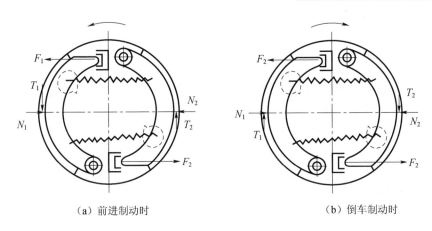

(a) 前进制动时　　　　　　(b) 倒车制动时

图 4-7　单向平衡式车轮制动器的结构

(3) 自增力式制动器。

① 单向自增力式制动器。单向自增力式制动器的结构如图 4-9 所示。制动蹄 1 和制动蹄 2 的下端分别浮支在浮动的顶杆两端。制动器只在上方有一个支承销 4。不制动时，两制动蹄上端均由各自的回位弹簧拉靠在支承销上。

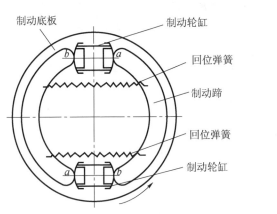

图 4-8　双向平衡式车轮制动器的结构

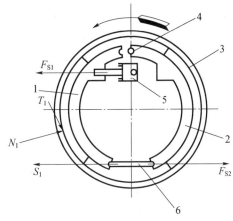

图 4-9　单向自增力式制动器的结构

1—制动蹄；2—制动蹄；3—制动鼓；4—支承销；
5—轮缸；6—顶杆

汽车前进制动时，单活塞式轮缸只将促动力 F_{S_1} 加于制动蹄 1，使其上端离开支承销，整个制动蹄绕顶杆左端支承点旋转，并压靠在制动鼓上。显然，制动蹄 1 是"领蹄"，并且在促动力 F_{S_1}、法向合力 N_1、切向（摩擦）合力 T_1 和沿顶杆轴线方向的 S_1 作用下处于平衡状态。由于顶杆是浮动的，自然成为制动蹄 2 的促动装置，而将与力 S_1 大小相等、方向相反的促动力 F_{S_2} 施于制动蹄 2 的下端，故制动蹄 2 也是"领蹄"。

② 双向自增力式制动器。

双向自增力式制动器的结构如图 4-10 所示。前进制动时，两制动蹄在促动力 F_S 的作用下张开压力制动鼓，此时两蹄的上端均离开支承销，沿图中箭头方向旋转的制动鼓对两制动蹄制动产生摩擦力矩，带动两制动蹄沿旋转方向转过一个不大的角度，直到后制动蹄又顶靠到支承销上为止。此时，前制动蹄为"领蹄"，但其支承为浮动的推杆。制动鼓作用在前制动蹄的摩擦力和法向力的一部分对推杆形成一个推力 S，推杆又将此推力完全传到后制动蹄的下端。后制动蹄在推力 S 的作用下也形成"领蹄"，并在轮缸液压促动力 F_S 的共同作用下进一步压紧制动鼓。推力 S 比促动力 F_S 大得多，从而使后制动蹄产生的制动力矩比前制动蹄更大。

倒车制动时，作用过程与此相反，与前进制动时具有同等的自增力作用。

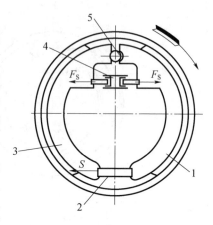

图 4-10 双向自增力式制动器的结构

1—前制动蹄；2—顶杆；3—后制动蹄；
4—制动轮缸；5—支承销

总结： 以上介绍的各类型制动器各有利弊。就制动效能而言，在基本结构参数和轮缸工作压力相同的条件下，自增力式制动器居榜首，以下依次为双向平衡式制动器、单向平衡式制动器、非平衡式制动器。但就制动效能的稳定性而言，自增力式车轮制动器对摩擦系数的依赖性最大，因而其制动效能的稳定性最差，非平衡式车轮制动器制动效能的稳定性居中，平衡式车轮制动器的制动效能稳定性最好。

2. 盘式制动器

1）盘式制动器的类型

盘式制动器根据其固定元件的结构形式可分为钳盘式制动器和全盘式制动器。

钳盘式制动器的固定元件为制动钳，制动钳中的制动块由工作面积不大的摩擦块与其金属背板组成，每个制动器中有 2~4 块。钳盘式制动器按制动钳固定在支架上的结构形式可分为定钳盘式制动器和浮钳盘式制动器两种，图 4-11 所示为定钳盘式制动器。

全盘式制动器的固定元件的金属背板和摩擦片都做成圆盘形，因而其制动盘的全部工作面可同时与摩擦片接触。全盘式制动器由于制动钳的横向尺寸较大，主要应用在重型车上。

2）盘式车轮制动器的基本结构和工作原理

以钳盘式制动器为例说明。

（1）基本结构。钳盘式制动器的基本结构如图 4-11 所示，其旋转元件是制动盘，它和车轮固装在一起旋转，以其端面为摩擦工作表面。其固定元件是制动块、导向支承销、轮缸及活塞，它们均安装于制动盘两侧的钳体上，总称为制动钳。制动钳用螺栓与转向节或桥壳上的凸缘固装，并用调整垫片来调整制动钳与制动盘之间的相对位置。

（2）工作原理。如图 4-12 所示，制动时，油液被压入内、外两轮缸中，经液压作用的活塞朝制动盘方向移动，推动制动块紧压制动盘，产生摩擦力矩而制动。在此过程中，轮缸槽内的矩形橡胶密封圈的刃边在摩擦力的作用下产生微量的弹性变形，如图 4-12（a）所示。

解除制动时，液压系统压力消除，密封圈恢复到初始位置，活塞和制动块依靠密封圈的弹力和弹簧的弹力回位，如图 4-12（b）所示。由于矩形密封圈刃边的变形量微小，在不制动时，摩擦片与制动盘之间的间隙每边只有 0.1mm 左右，足以保证制动的解除。

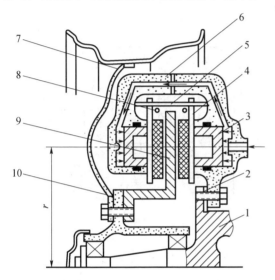

图 4-11 钳盘式制动器基本结构

1—转向节或桥壳凸缘；2—调整垫片；3—活塞；4—制动块；
5—导向支承销；6—钳体；7—轮辐；
8—回位弹簧；9—制动盘；10—轮毂凸缘

 动画 4-6 定钳盘式制动器的工作原理

 动画 4-7 浮钳盘式制动器的结构

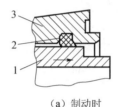

（a）制动时　　（b）解除制动时

图 4-12 活塞密封圈的工作情况

1—活塞；2—矩形橡胶密封圈；3—轮缸

3）典型盘式制动器

以桑塔纳轿车的前轮盘式制动器为例进行介绍，如图 4-13 所示，该制动器为浮钳盘式制动器。它由制动盘、内外摩擦块、制动钳壳体、制动钳支架、前制动轮缸等组成。

制动盘固定在轮毂上，夹在内外摩擦衬块中间，与前轮一起转动。制动钳通过螺栓（兼作导向销）与制动钳支架相连（支架固定于转向节凸缘上），钳体可沿螺栓相对于制动盘做轴向移动，轮缸布置在制动钳的内侧。固定支架上有导轨，通过两根特制弹簧安装内、外制动块，内、外制动块可沿导轨做轴向移动。

浮钳盘式制动器的工作原理如图 4-14 所示。制动时，来自制动主缸的制动液通过油道进入制动轮缸，推动活塞及其内侧制动块向左移动，并压到制动盘上，于是制动盘给活塞一个向右的反作用力 P_2，使得活塞连同制动钳体沿导向销向右移动，直到制动盘左侧的外侧制动衬块也压到制动盘上。此时，两侧的制动衬块都压在制动盘上，夹住制动盘使其制动。

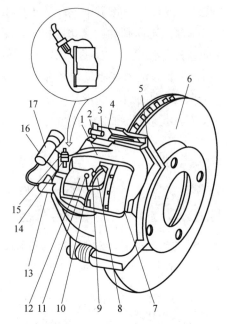

视频4-1　制动盘检测　　视频4-2　制动卡钳复位

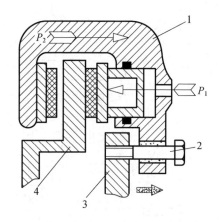

图4-13　桑塔纳轿车的前轮盘式制动器

1—制动钳体；2—紧固螺栓；3—导向销；4—防护套；
5—制动钳支架；6—制动盘；7—固定制动块；8—消声片；
9—防尘套；10—活动制动块；11—密封圈；12—活塞；
13—电线导向夹；14—放气螺钉；15—放气螺钉帽；
16—报警开关；17—电线夹

图4-14　浮钳盘式制动器工作原理

1—制动钳体；2—导向销；3—制动盘；4—制动盘

4）盘式制动器的特点

（1）盘式制动器的优点如下：

① 散热能力强，热稳定性好。受热后，制动盘只在径向膨胀，不会影响制动间隙。

② 抗水衰退能力强。受水浸后，在离心力作用下会很快甩干，摩擦衬片上的剩水也由于压力高而容易挤出，一般仅需要1~2次制动后即可恢复正常。

③ 制动时的平顺性好。

④ 结构简单，维修方便。

⑤ 制动间隙小，便于自动调节。

（2）盘式制动器的不足之处如下：

① 制动时无助势作用，故要求管路液压较高。

② 防污性差，制动衬片磨损较快。

 任务实施

一、制动器的拆装与检修

1. 主要内容及目的

（1）熟悉鼓式车轮制动器的组成。

（2）掌握动力转向器的拆装方法。

（3）掌握鼓式车轮制动器的检修及间隙的调整。

2. 技术标准及要求

（1）按正确的操作步骤进行拆装与检查。

（2）有关技术参数必须符合维修技术标准要求。

（3）操作规范，安全文明作业。

3. 实训设备与器材

带鼓式制动器的汽车 1 部，游标卡尺 1 把，维修工具 1 套，制动液 1 瓶。

4. 操作步骤及工作要点

下面以丰田佳美轿车为例进行讲解。

1）鼓式制动器的组成

鼓式制动器（后制动器）的组成，如图 4-15 所示。

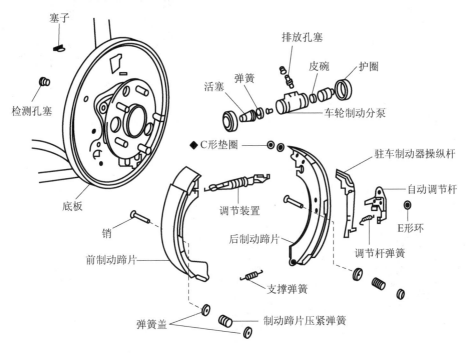

图 4-15 鼓式制动器的组成

◆：不可重得使用零件

2）鼓式制动器的拆卸

（1）取下检测孔塞，从检测孔检查制动蹄摩擦衬层的厚度，如图 4-16 所示。最小厚度应大于 1mm，否则，应更换制动蹄。

（2）卸下制动鼓，若难以卸下，可用金属丝将自动调整杆挑开，再用螺钉旋具（俗称螺丝刀）转动调整装置，减小制动蹄被调整装置张紧的力度，如图 4-17 所示。

（3）拆下回位弹簧、压紧弹簧、支撑弹簧，拆下前、后制动蹄片，如图 4-18 所示。

（4）从制动分泵上拆下制动器油管，并用容器接住制动液，如图 4-19 所示。

（5）拆卸并分解制动分泵，制动分泵的组成零件有 2 个护罩、2 个活塞、2 个皮碗、1 个弹簧，如图 4-20 所示。

3）鼓式制动器零件的检修

（1）制动蹄摩擦衬层的检测，如图 4-21 所示。摩擦衬层的厚度不能小于 1mm，不能有不均匀磨损现象，否则，应予以更换。如果不得不更换任何一个制动蹄片，则需要更换左、右两轮的全部蹄片。

（2）制动鼓检测。制动鼓内表面即摩擦面如有划痕或磨损起槽，可用车床将其打磨，一次打磨深度为 0.5mm，打磨后内径不能超过标准内径 2mm（有些标有 MAX，这就是极限尺寸）

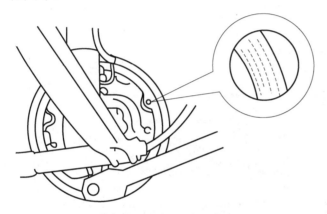

图 4-16 制动蹄摩擦衬层的厚度检测

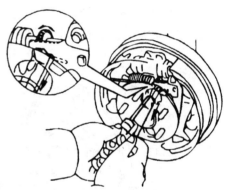

图 4-17 制动鼓的拆卸

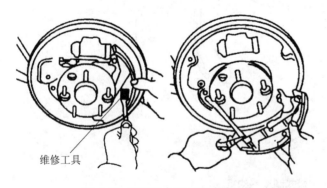

图 4-18 弹簧和制动蹄片的拆卸

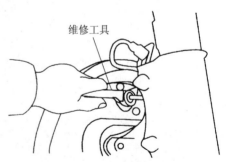

图 4-19 制动器油管的拆卸

图 4-20 制动分泵的组成

(3)检查制动蹄与制动鼓之间的贴合情况,如图 4-22 所示。

① 在制动鼓摩擦面上用白粉笔均匀涂抹一层,将制动蹄在制动鼓内贴合转 1 周。

② 检查制动蹄表面与制动鼓的接触面积(制动蹄表面的白色部分),应占整个摩擦面的 90%以上。否则,应打磨制动蹄摩擦表面。用砂纸或锯片打磨白色部分,再进行贴合试验,重复进行,直至符合要求。

③ 将制动蹄中间部分约 10mm 宽的地方横向打磨,进行贴合试验,该位置应不白(即未与制动鼓接触)。这样有利于在使用中提高制动蹄与制动鼓的接触面积。

(4)检查制动分泵活塞及缸筒,如有划痕或磨损严重,应予更换。另外,在装配时,应更换新的皮碗。

4)鼓式车轮制动器的安装

(1)在制动分泵活塞、皮碗上涂一层锂-皂基乙二醇黄油,组装好制动分泵,如图 4-23 所示。

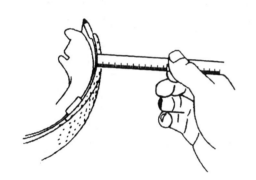

图 4-21　制动蹄摩擦衬层的检测

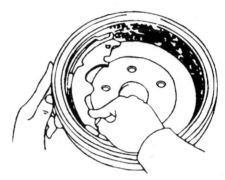

图 4-22　制动鼓的检测

图 4-23　制动分泵的组装

(2)将制动分泵安装在底板上并连接好制动油管。

(3)在底板与制动蹄片的接触面上及调紧装置螺栓的螺纹和尾端涂抹高温黄油,如图 4-24 所示。

(4)将调整装置装到后制动蹄片上,装上后制动蹄片(同时装好驻车制动装置),然后装上前制动蹄片,装好支撑弹簧。

(5)将后制动蹄的手制动器操纵杆前后拉动,检验调整装置能否回转(即回位),如图 4-25 所示,若不能则应检验后制动蹄的安装是否正确。然后将调整装置的长度尽可能调至最短,装上制动鼓。

（6）制动蹄片与制动鼓间隙的调整。用螺钉旋具从调节孔调节调整螺栓，使制动鼓用手不能转动，再用螺钉旋具慢慢放松至制动鼓可用手转动，但有点阻力为宜。

（7）装配好车轮。

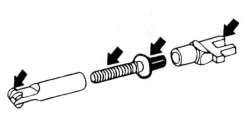

图 4-24　调紧装置涂黄油的位置

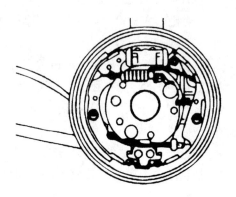

图 4-25　调紧装置自动回转的检验

5）排除制动液中的空气

（1）将制动总泵的油杯加满制动液。

（2）一人将制动踏板连续踩下数次，直至踏板一次比一次增高，到踩不下去为止，然后用力踩住不放。

（3）另一人拧松该制动鼓内侧的制动液放气螺钉，应有制动液流出（油液用容器接住），该制动液不应有气泡，应有力地冲出，否则应将制动液放气螺钉拧紧，然后松开制动踏板。

（4）不断重复（2）（3）步骤，直至流出的制动液没有气泡且有力地冲出，拧紧制动放气螺栓。

（5）按相同的方法由远到近对其余车轮的空气进行排除。

二、盘式车轮制动器的拆装

1. 主要内容及目的

（1）熟悉盘式车轮制动器的组成。

（2）掌握动力转向器的拆装方法。

（3）掌握盘式车轮制动器的检测与调整。

2. 技术标准及要求

（1）按正确的操作步骤进行拆装与检查。

（2）有关技术参数必须符合维修技术标准要求。

（3）操作规范，安全文明作业。

3. 实训设备与器材

带盘式制动器的汽车 1 部，游标卡尺 1 把，磁力表座、百分表 1 套，维修工具 1 套，制动液 1 瓶。

4. 操作步骤及工作要点

下面以丰田佳美轿车为例进行讲解。

1）盘式制动器的组成

盘式制动器的组成如图 4-26 所示。

视频 4-3 盘式制动器的拆卸

视频 4-4 盘式制动器的安装

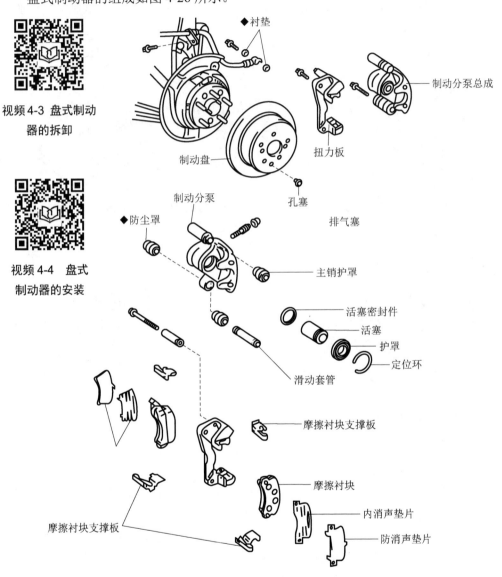

图 4-26 盘式制动器的组成

◆ 不可重复使用零件

2）制动器摩擦衬块的更换

（1）通过泵体上的检测孔，检查摩擦衬块衬层的厚度，如图 4-27 所示。衬层最小厚度为 1mm。如厚度不符合要求，则应更换。

(2)拧松制动分泵下部的装配螺栓,吊起制动分泵,如图4-28所示。

(3)拆出以下零件:2块制动器摩擦衬块、4块消声垫片、1块摩擦衬块磨损指示板、4块摩擦衬块支撑板,如图4-29所示。

(4)装配新的摩擦衬块,如图4-30所示。装配时应注意,磨损指示板应装在内摩擦衬块上,且摩擦衬块磨损指示板的面应朝上。另外,在内消声垫片的两面抹上盘式制动器黄油。

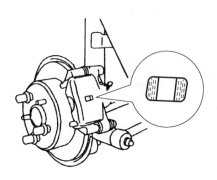

图4-27 检查摩擦衬块衬层的厚度

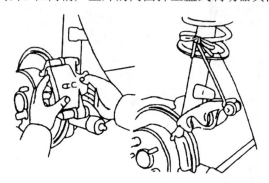

图4-28 拧松装配螺栓,吊起制动分泵

图4-29 制动器一组零件的拆卸

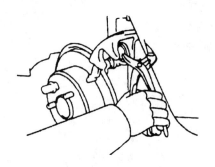

图4-30 新摩擦衬块的装配

3)制动分泵的拆装

(1)从制动分泵上拆下软管,用容器接排出的制动液。

(2)拆下制动分泵上、下2个装配螺栓,拆下制动分泵及摩擦衬块,如图4-31所示。

(3)用螺钉旋具拆下活塞防尘罩,如图4-32所示。

(4)用压缩空气从制动分泵进油口将活塞吹出,如图4-33所示。应让活塞掉在废布料或类似材料上,避免活塞表面划伤而影响密封性。

(5)用螺钉旋具拆出活塞密封件,如图4-34所示。

(6)用制动液清洗缸套、活塞,更换新的密封件。检查缸套、活塞是否有明显的磨损、损伤,如有则应更换。

(7)在密封圈、活塞、防尘罩、导向销表面涂一层锂-皂基乙二醇黄油,如图4-35所示。

(8)将密封件、活塞、防尘罩装入制动分泵。

(9)装好摩擦衬块,再装好制动分泵。

（10）连接好软管。

（11）进行排空气，并检查制动液是否有泄漏现象。

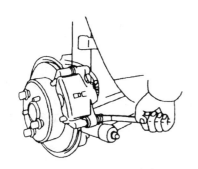

图 4-31　制动分泵的拆卸

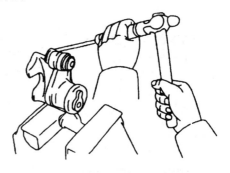

图 4-32　活塞防尘罩的拆卸

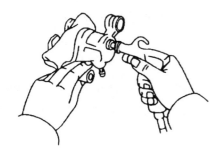

图 4-33　制动分泵活塞的拆卸

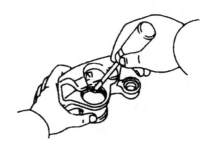

图 4-34　活塞密封件的拆卸

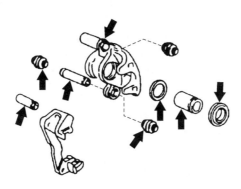

图 4-35　涂黄油的部位

4）制动器零件的检修

（1）摩擦衬块衬层厚度检测。用直尺测量衬层厚度，如图 4-36 所示。最小厚度应大于 1mm。否则，应予更换。另外，如有严重的不均匀磨损，也应更换。

（2）制动盘磨损检修。制动盘如磨损起槽，则应卸下。再在光磨机上光磨或用车床车削，一次光磨深度为 0.5mm，要左、右车轮同时光磨。光磨后制动盘的厚度不能小于标准厚度 2mm。有些制动盘标有 MIN，表示允许磨损的最小厚度。

（3）测量制动盘端面跳动。如图 4-37 所示，将磁力表座吸附在车架上，用百分表抵压在距制动盘外缘 10mm 处，制动盘转动 1 周以上，读取百分表指针摆动的数值，在规定的范围内最大偏摆应小于 0.15mm。否则，应首先检查轴承的轴向间隙。如均无异常，则应光磨制动盘。如光磨后还不行，应更换制动盘。

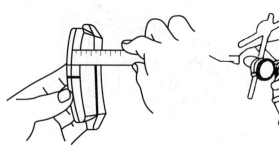 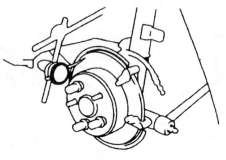

图 4-36 摩擦衬块衬层厚度的检测　　图 4-37 制动盘端面跳动的测量　　视频 4-5　制动块的检测

> **知识拓展**
>
> 碳纤维制动盘
>
> 碳纤维制动盘被广泛用于竞赛用汽车上，例如 F_1 赛车上。它能够在 50m 的距离内将汽车的速度从 300km/h 降低到 50km/h，此时制动盘的温度会升高到 900℃以上，制动盘会因为吸收大量的热能而变红。碳纤维制动盘能够承受 2500℃的高温，而且具有非常优秀的制动稳定性。虽然碳纤维制动盘具有性能卓越的减速性能，但是目前在量产的汽车上使用碳纤维制动盘并不实际，因为碳纤维制动盘的性能在温度达到 800℃以上时才能达到最好。也就是说，必须在行驶了数千米之后，汽车的制动装置才能进入最佳工作状态，这对于大多数只是短途行驶的车辆并不适用。另外，碳纤维制动盘的磨损速度很快，制造成本也非常高。

 故障案例

1. 制动失效

1）现象

汽车在行驶中使用制动时不能减速，连续踩下制动踏板时各车轮不起制动作用。

2）原因

（1）制动主缸（总泵）内无制动油液或缺少制动油液。

（2）制动主缸或轮缸内皮碗破损或踏翻。

（3）制动油管破裂或插头漏油。

（4）某机械连接部位脱开。

3）诊断

（1）连续踩下制动踏板不升高，同时感到无阻力，应先检查主缸是否缺油，再检查油管和插头有无破损之处，如有应修理或更换。

（2）若无漏油之处，应检查各机械连接部位有无脱开，如有应修复。

（3）若主缸推杆防尘套处严重漏油，大多是主缸皮碗严重损坏或踏翻所致；若车轮制动鼓边缘有大量油液，则是轮缸皮碗损坏或顶翻所致。

2. 制动反应迟缓

1）现象

汽车行驶中，将制动踏板踩到底后不能立即停车，制动减速度小，制动距离长。

2）原因

（1）制动主缸油液不足或变质；主缸阀门损坏。活塞与缸壁磨损严重，配合松旷；补偿孔和旁通孔堵塞。

（2）制动鼓磨损失圆、过薄、变形或有沟槽；制动蹄摩擦片有油污、硬化或铆钉外露；制动鼓与制动蹄接触面积过小；制动间隙过大。

（3）制动管路中渗入空气，油路不畅通，制动油液变质。

3）诊断

（1）制动踏板位置踩下很低，制动效果差；连续数次踩下踏板后，踏板高度才渐升起，并有弹性感。这主要是管路中有空气，应予排除。

（2）踩下踏板，位置高度正常，但制动效果差。这大多是车轮制动鼓失圆、制动蹄接触不良、硬化、油污或铆钉外露等因素所致，应予以检修排除。

（3）连续踩下踏板，踏板位置能升高，但不能保持，有下沉感觉。这说明制动系统中有漏油处或主缸关闭不严，应检修。

（4）连续踩下踏板，踏板位置高度升高，制动效果好转。这可能是踏板自由行程太大，或制动间隙过大，或主缸回油阀关闭不严所致。应调整踏板自由行程或制动间隙，必要时检查主缸回油阀，若有损坏应更换。

（5）连续数次踩下踏板，踏板位置不能升高。这一般是制动主缸补偿孔或旁通孔堵塞所致，应检查疏通；或油液质量差，易受热蒸发导致严重亏缺。

3. 制动跑偏

1）现象

汽车制动时，左、右车轮制动力不等或制动生效时间不一致，导致汽车偏向制动力较大或制动作用较早一侧行驶的现象，紧急制动时出现扎头或甩尾现象。

2）原因

（1）左、右车轮制动间隙大小不一致，或接触面积相差太大，或摩擦片材料、质量不一样。

（2）左、右制动鼓内径相差过多，或回位弹簧拉力相差太大，或轮胎气压高低不一样。

（3）个别车轮摩擦片有油污、硬化或铆钉外露，或轮缸内活塞运动不灵活，皮碗发胀或油管堵塞，或制动鼓失圆，单边管路凹瘪或有气阻。

（4）车架变形，或前轴外移，或前、后轴不平行，或两前钢板弹簧弹力不一样。

3）诊断

（1）汽车行驶中使用制动，若汽车向左偏斜，即为右轮制动性能差；反之则为左轮制动性能差。

（2）制动停车后，察看轮胎在路面上的拖印情况，拖印短或没有拖印的车轮即为制动有故障的车轮。

（3）查出有故障的车轮后，先检查该车轮制动管路是否漏油，轮胎气压是否充足，如果正常，检查制动间隙是否合乎规定，不符合时予以调整，与此同时，排除轮缸里的空气。若仍无效，应拆下制动鼓，按原因逐一检查各件，特别是制动鼓的尺寸和精度等。

（4）经上述检修后，若各车轮拖印基本符合要求，但制动仍跑偏，则故障不在制动系，此时应检查车架或前轴的技术状况，如果出现忽左忽右的跑偏现象，则应检查是否有前束或直、横拉杆球头销是否松旷。

4. 制动拖滞

1）现象

在行车制动中，当抬起制动踏板时，全部或个别车轮仍有制动作用，致使车辆起步困难，行驶阻力大，制动鼓发热。

2）原因

（1）制动踏板没有自由行程或回位弹簧过软、折断。

（2）踏板轴锈滞、发卡而回位困难。

（3）主缸或制动轮缸皮碗、皮圈发胀，活塞变形或被污物黏住。

（4）主缸活塞回位弹簧过软或折断。

（5）制动间隙过小，制动蹄回位弹簧过软、失效，制动蹄在支承销上不能自由转动。

（6）制动管路凹瘪、堵塞，导致回油不畅。

（7）制动油液太脏、黏度太大，回油困难。

3）诊断

（1）汽车行驶一段路程后，用手抚摸各制动鼓，若全部发热，说明故障在制动主缸；若个别车轮发热，则故障在该车轮制动轮缸。

（2）若故障在制动主缸，应先检查踏板自由行程。如果无自由行程，一般为主缸推杆与活塞的间隙过小或没有间隙，应调整。如果自由行程符合标准，则应拆下主缸储油室加油螺塞，踩下踏板慢慢回位，看其回油状况。若不回油，则为回油孔堵塞；若回油缓慢，则为皮碗、皮圈发胀或回位弹簧无力，或是油液太脏、黏度太大。此时，应检查油液清洁度。若油液清洁、黏度适当，则应检查主缸，同时检查踏板回位弹簧是否良好无损，必要时进行修理或更换。

（3）若故障在制动轮缸，可顶起有故障的车轮，旋松制动轮缸放气螺钉，如果制动液随之急速喷出，车轮也立即旋转自如，说明管路堵塞，轮缸不能回油，此时应疏通油管。如果旋转车轮仍有拖滞，可检查制动间隙和回位弹簧，若正常，应拆下并检验制动轮缸，必要时应更换活塞、皮碗。

5. 制动噪声

1）现象

汽车制动时发出"哽哽"的噪声。

2）故障原因和排除方法

（1）若制动蹄摩擦片磨损超过极限，蹄片铁或铆钉直接与制动鼓（制动盘）接触，或制动蹄摩擦片松动或回位弹簧折断，则更换不合格的制动零件。

（2）若制动盘或制动鼓破裂、磨出沟痕，则更换制动盘或制动鼓。

（3）若摩擦片硬化或破裂，则打磨或更换摩擦片。

（4）若制动蹄弯曲、变形或破碎，则更换损伤的制动蹄。

（5）若制动盘表面铁锈过多，则清洁制动盘周围铁锈。

（6）若制动卡钳有飞边或生锈，则清洁制动钳上的飞边或铁锈。

任务二　制动传动装置检修

 情境描述

李小姐驾驶一辆使用两年多的桑塔纳 2000GSi 轿车来到维修车间，向维修顾问反应她的车辆近期在行驶中制动力不足，踩一次制动踏板不能减速。连续踩几下，踏板能升高，但制动效果仍不见好转。我们作为维修技工，需要根据维修手册，使用诊断检测仪器，参考相关资料排除故障，并在最终检验合格后交付前台。

 相关知识

一、制动传动装置的功用

制动传动装置的功用是将驾驶员或其他动力源的作用传到制动器，同时控制制动器的工作，从而获得所需要的制动力矩。

二、制动传动装置的分类

制动传动装置按传力介质的不同可分为液压式、气压式和气-液综合式制动传动装置，按制动管路的套数可分为单管路和双管路制动传动装置。按照交通法规的要求，现代汽车的行车制动系须采用双管路制动传动装置，因而单管路制动传动装置已被淘汰。

1. 液压式制动传动装置

液压式制动传动装置是利用制动液将制动踏板力转换为制动液压力，通过管路传至车轮制动器，再将制动液压力转变为制动蹄张开的机械推力。

1）液压式制动传动装置的基本组成

液压式制动传动装置由制动踏板、主缸推杆、制动主缸、储液罐、制动轮缸、油管、制动灯开关、指示灯、比例阀等组成，如图 4-38 所示。

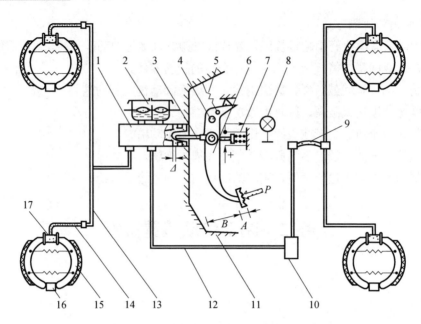

图 4-38 液压式制动传动装置的组成

1—制动主缸；2—储液罐；3—主缸推杆；4—支承销；5—回位弹簧；6—制动踏板；7—制动灯开关；8—指示灯；9—软管；10—比例阀；11—地板；12—后桥油管；13—前桥油管；14—软管；15—制动蹄；16—支承座；17—制动轮缸；Δ—自由间隙；A—自由行程；B—有效行程

> **特别提示**
>
> 为了掌握传动装置的组成，此处可结合实物或多媒体课件。

2）液压式制动传动装置的工作原理

如图 4-39 所示，液压制动传动装置以帕斯卡定律为基础，并且在传力过程中对驾驶员的踏板力进行了放大，使传递到制动轮缸及制动蹄上的制动力大于踏板力。

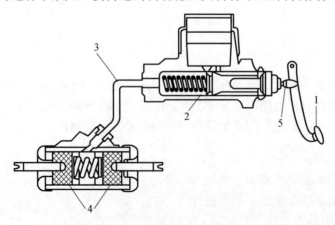

动画 4-8 液压制动系统组成与结构原理

图 4-39 液压式制动传动装置的工作原理

1—制动踏板；2—主缸活塞；3—制动管路及制动液；4—轮缸活塞；5—制动蹄推杆

> **特别提示**
>
> 帕斯卡定律：在封闭的系统中，液体朝各个方向传递的压力相等。
>
> 如果以10kg脚踏力踩制动踏板，踏板与支点力臂相当于主缸活塞与支点力臂的3倍，则作用到制动主缸活塞上的力为30kg。如果主缸活塞的截面积为$2cm^2$，而轮缸活塞的截面积为$4cm^2$，那么，推动车轮制动蹄的力可达60kg。

3）液压式制动传动装置的类型

双管路液压制动传动装置是利用彼此独立的双腔制动主缸，通过两套独立管路，分别控制两桥或三桥的车轮制动器。其特点是若其中一套管路发生故障而失效时，另一套管路仍能继续起制动作用，从而提高了汽车制动的可靠性和行车的安全性。

双管路的布置方案在各种汽车上各有不同，常见的有前后独立式和交叉式两种形式。

（1）前后独立式。前后独立式双管路液压制动传动装置由双腔制动主缸通过两套独立的管路分别控制前桥和后桥的车轮制动器，如图4-40所示。这种布置方式结构简单，如果其中一套管路损坏漏油，另一套仍能起作用，但会破坏前后桥制动力分配的比例，主要用于发动机前置后轮驱动的汽车，如南京依维柯等。

（2）交叉式。交叉式（也称为对角线式）双管路液压制动传动装置由双腔制动主缸通过两套独立的管路分别控制前后桥对角线方向的两个车轮制动器，如图4-41所示。这种布置方式在任一管路失效时，仍能保持一半的制动力，且前后桥制动力分配比例保持不变，有利于提高制动方向稳定性，主要用于发动机前置前轮驱动的轿车。

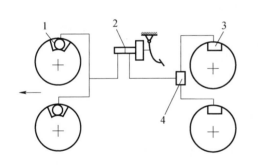

图4-40 前后独立式的双管路液压制动传动装置

1—盘式制动器；2—双腔制动主缸；3—鼓式制动器；
4—制动力调节器

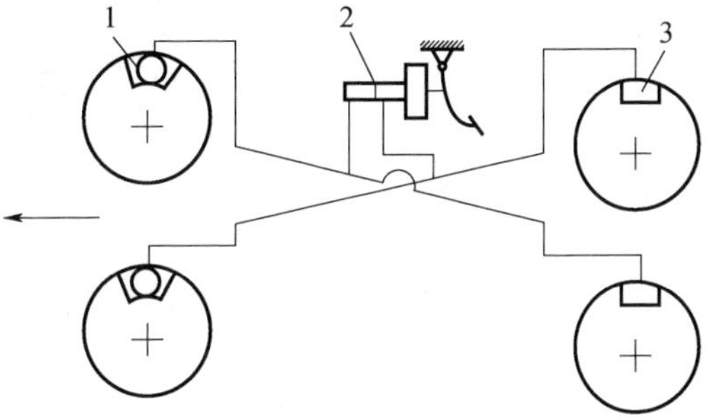

图4-41 交叉式的双管路液压制动传动装置

1—盘式制动器；2—双腔制动主缸；3—鼓式制动器

4）液压式制动传动装置主要部件

（1）制动主缸。制动主缸又称为制动总泵，它处于制动踏板与管路之间，其功用是将制动踏板输入的机械力转换成液压力。

① 制动主缸的结构。如图4-42和图4-43所示，串联式双腔制动主缸主要由储液罐、制动主缸外壳、前活塞、后活塞及前后活塞弹簧、推杆、皮碗等组成。

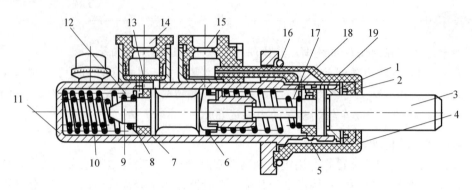

图 4-42 串联式双腔制动主缸

1—隔套；2—密封圈；3—后活塞（带推杆）；4—防尘罩；5—防动圈；6、13—密封圈；7—垫圈；8—皮碗护圈；9—前活塞；10—前活塞弹簧；11—缸体；12—前腔；14、15—进油孔；16—定位圈；17—后腔；18—补偿孔；19—回油孔

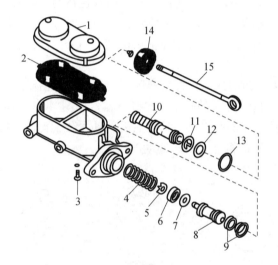

图 4-43 串联式双腔制动主缸的分解图

1—储液罐盖；2—膜片；3—限位螺钉；4—弹簧；5—皮碗护圈；6—前皮碗；7—垫圈；8—前活塞；9—后皮碗；10—后活塞；11—推杆座；12—垫圈；13—锁圈；14—防尘套；15—推杆

视频 4-6 拆卸制动主缸

制动主缸的壳体内装有前活塞、后活塞及回位弹簧，前、后活塞分别用皮碗密封，前活塞用限位螺钉保证其正确位置。储液罐分别与主缸的前、后腔相通，前出油口、后出油口分别与轮缸相通，前活塞靠后活塞的液力推动，而后活塞直接由推杆推动。

② 制动主缸的工作原理。制动主缸的工作原理如下。

不制动时，两活塞前部皮碗均遮盖不住其旁通孔，制动液由储液罐进入主缸。

正常状态下制动时，操纵制动踏板，经推杆推动后活塞左移，在其皮碗遮盖住旁通孔之后，后腔制动液压力升高，制动液一方面经出油阀流入制动管路，一方面推动前活塞左移。在后腔液压和弹簧弹力的作用下，前活塞向左移动，前腔制动液压力也随之升高，制动液推开出油阀流入管路。于是两制动管路在等压下对汽车制动。

动画 4-9 液压主缸的工作原理

解除制动时，抬起制动踏板，活塞在弹簧作用下复位，高压制动液自制动管路流回制动主缸。如活塞复位过快，工作腔容积迅速增大，而制动管路中的制动液由于管路阻力的影响，来不及充分流回工作腔，使工作腔内油压快速下降，便形成一定的真空度，于是储液罐中的油液便经补偿孔和活塞上的轴向小孔推开垫片及皮碗进入工作腔。当活塞完全复位时，旁通孔开放，制动管路中流回工作腔的多余油液经补偿孔流回储液罐。

若与前腔连接的制动管路损坏漏油，则在踩下制动踏板时只有后腔中能建立液压，前腔中无压力。此时，在压力差的作用下，前活塞迅速移到其端顶到主缸缸体上。此后，后工作腔中的液压方能升高到制动所需的值。

若与后腔连接的制动管路损坏漏油，则在踩下制动踏板时，最初只是后活塞前移，但不能推动前活塞，因而后腔制动液压不能建立。但在后活塞直接顶触前活塞时，前活塞便前移，从而使前腔建立必要的制动液压而制动。

③ 制动主缸的更换。检查制动主缸皮碗、密封圈是否老化、损坏与磨损，若是则应更换。

特别提示

制动主缸使用后出现故障，一般情况下不需要修理，更换即可。但无新件更换，也需要检查修理，具体步骤如下：

a. 检查储液罐是否破损，出现破损应更换；

b. 如图 4-44 所示，检查泵体 2 内孔和活塞 4 表面，其表面不得有划伤和腐蚀，如有应更换。用内径表 1 检查泵体内孔的直径 B，用千分尺 3 检查活塞的外径 C，并计算出内孔与活塞之间的间隙值，其标准值为 0.0~0.106mm，使用极限为 0.15mm，若超过极限应更换。

c. 检查制动主缸皮碗、密封圈是否老化、损坏与磨损，如有应更换。

d. 检查进油管接头的螺栓。油管接头必须清洁畅通，螺栓螺纹应完好。

e. 检查出油阀门和弹簧。阀门如有损伤，应更换新件；检查弹簧的自由长度，及弹簧压缩至工作长度所需压力，应与新件比较，如弹力不足，应予以更换，以保证装配后轮缸和管路中应有残余压力。

（2）制动轮缸。制动轮缸的作用是将制动主缸传来的液压力转变为使制动蹄张开的机械推力。

① 制动轮缸的结构。如图 4-45 所示，制动轮缸主要由缸体、活塞、皮碗、弹簧和放气螺钉等组成。

制动轮缸的缸体通常用螺钉固装在制动底板上，位于两制动蹄之间。缸体内装铝合金活塞，密封皮碗的刃口方向朝内，并由弹簧压靠在活塞上与其同步运动。活塞外端压有顶块并与制动蹄的上端抵紧。在缸体的另一端装有防护罩，可防止尘土及泥土的侵入。缸体上方装有放气螺塞，以便放出液压系统中的空气。

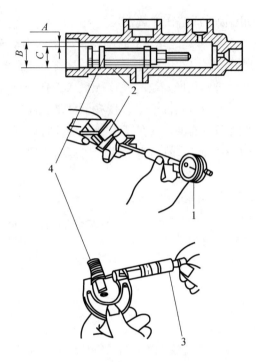

图 4-44 制动主缸与活塞的检查

1—内径表；2—制动主缸泵体；3—千分尺；4—主缸活塞；A—泵体与活塞的间隙；B—泵体内孔的直径；C—活塞的外径

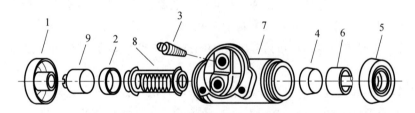

图 4-45 双活塞制动轮缸的分解图

1、5—防护罩；2、4—皮碗；3—放气螺钉；6、9—活塞；7—缸体；8—回位弹簧总成

② 制动轮缸的类型。常见的制动轮缸类型有双活塞式、单活塞式、阶梯式等，如图 4-46 所示。

单活塞制动轮缸多用于单向助势平衡式车轮制动器，目前趋于淘汰；阶梯式制动轮缸用于简单非平衡式车轮制动器，它的大端推动后制动蹄，小端推动前制动蹄，其目的是为了前、后制动蹄摩擦片均匀地磨损。

③ 制动轮缸的工作原理。如图 4-47 所示，制动轮缸受到液压作用后，顶出活塞，使制动蹄扩张。松开制动踏板，液压力消失，靠制动蹄回位弹簧的力，使活塞回位。

④ 制动轮缸的更换。制动轮缸分解后，用清洗液清洗轮缸零件。清洗后，进行安装。如图 4-48 所示。

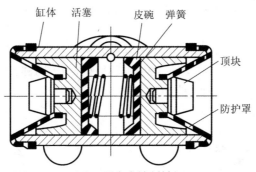

(a）双活塞式制动轮缸

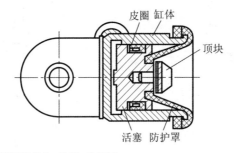

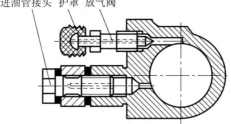

(b）单活塞式制动轮缸

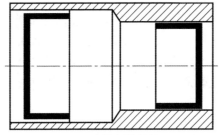

(c）阶梯式制动轮缸

图 4-46　制动轮缸的类型

⑤ 制动轮缸的拆装、检修。轮缸分解的一般方法：从轮缸体上的固定槽中拉下轮缸防尘套，拆下活塞。然后从缸筒中拆下橡胶皮碗和弹簧。

分解轮缸后，用清洗液清洗轮缸零件。清洗后，检查制动轮缸 1 内孔与活塞 2 外圆表面的烧蚀、刮伤和磨损情况。如果轮缸内孔有轻微刮伤或腐蚀，可用细砂布磨光。磨光后的缸内孔应用清洗液清洗后，用无润滑油的压缩空气吹干。然后测出轮缸内孔孔径 B，活塞外圆

直径 C，并计算出内孔与活塞的间隙值，标准值为 0.04~0.106mm，使用极限为 0.15mm。如图 4-48 所示。

重新安装轮缸元件时，先用干净的制动液润滑密封件和所有内部元件。将轮缸的放气螺钉拧入轮缸上，安装回位弹簧总成，将活塞放进缸筒内，安装好防尘套。装配后应试验其密封性，将轮缸沉入盛有酒精的盒内，应无漏气的气泡。

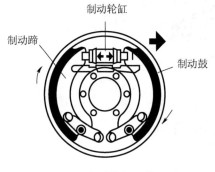

图 4-47 制动轮缸工作原理

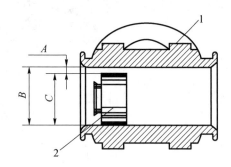

图 4-48 制动轮缸缸体与活塞的检查

1—制动轮缸缸体；2—制动轮缸活塞；
A—缸体与活塞的间隙；B—缸体内孔的直径；C—活塞的外径

（3）液力制动的特点。液力制动柔和灵敏，结构简单，使用方便，不消耗发动机功率。但操纵较费力，制动力不大，制动液流动性差，高温时易产生气阻，如有空气侵入或漏油会降低制动效能甚至失效。

2. 真空液压制动传动装置

汽车高速化后，采用人力液压制动的汽车，只有制动液压升高（可达 10~20MPa）方能产生与车速相适应的制动力矩，但靠人力制动是难以实现的，特别是盘式制动系统，因制动器无助势作用，故必须加大制动液压。

在普通的液压制动系统中，加装真空加力装置，可以减轻驾驶员施加于制动踏板上的力，增加车轮的制动力，达到操纵轻便、制动可靠的目的。真空加力装置可分为增压式和助力式两种。增压式真空加力装置是通过增压器将制动主缸的液压进一步增加，增压器装在主缸之后；助力式真空加力装置是通过助力器来帮助制动踏板对制动主缸产生推力，助力器装在踏板与主缸之间。

1) 真空增压式液压制动传动装置

（1）真空增压式液压制动传动装置的组成和原理。图 4-49 所示为跃进 NJ1061A 型汽车的真空增压式液压制动传动装置。它在液压制动传动装置中加装了一套真空增压系统，包括由发动机进气歧管、真空单向阀、真空罐组成的供能装置，作为控制装置的控制阀，以及作为传动装置的真空伺服气室、辅助缸和安全缸。

发动机工作时，在进气歧管真空度作用下，真空罐中的空气经真空单向阀吸入发动机，因而真空罐中也产生并积累一定的真空度，作为制动加力的力源。

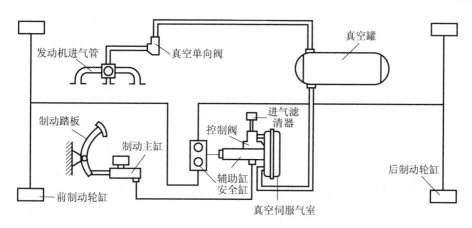

图 4-49　跃进 NJ1061A 型汽车的真空增压式液压制动传动装置

踩下制动踏板时，制动主缸输出的制动液先进入辅助缸，由此一方面传入前、后轮制动轮缸作为促动力，另一方面又作为控制压力输入控制阀，启动控制阀使真空伺服气室产生的推力与来自制动主缸的液压力一起作用在辅助缸活塞上，从而使辅助缸输送到各制动轮缸的压力远高于制动主缸的压力。

安全缸的作用是当前、后轮制动管路之一损坏漏油时，该管路上的安全缸即自动封堵，保证另一管路仍能保持其中的压力。

> **特别提示**
>
> 柴油发动机进气管中的真空度不高，因而柴油车要采用真空增压时，必须装设由发动机驱动的真空泵。

（2）真空增压器。真空增压器的作用是将发动机产生的真空度转变为机械推力，使从制动主缸输出的液力进行增压后再输入各轮缸，增大制动力。

① 结构。真空增压器的结构及工作原理如图 4-50 所示，它由辅助缸、控制阀和伺服气室等组成。

a. 辅助缸。辅助缸是将低压制动液变为高压的装置。装有皮圈的辅助缸活塞将辅助缸内腔分隔为两部分，左腔经出油管通向前、后制动轮缸，右腔经进油插头与制动主缸相通。推杆后端与伺服气室膜片相连，前端嵌装着球阀，其球座在辅助缸活塞上。不制动时，推杆前部的球阀与阀座之间保持一定距离，保证辅助缸两腔相通。

b. 控制阀。控制阀是控制伺服气室起作用的随动机构，由真空阀和空气阀组成双重阀门。不制动时，空气阀在弹簧的作用下处于关闭状态，真空阀在膜片回位弹簧的作用下处于开启状态。膜片座中央有孔道使气室 A 和气室 B 相通，因此不制动时四个气室 A、B、C 和 D 相通，且具有相等的真空度。

c. 伺服气室。伺服气室是将进气歧管产生的真空度与大气压力的压力差，转变为机械推力的总成。膜片将伺服气室分成前、后两腔，前腔 C 经前壳体端面上的真空管插头通向真空源，后腔 D 与控制阀上腔 A 相通，并通过真空阀与前腔 C、下腔 B 相通。

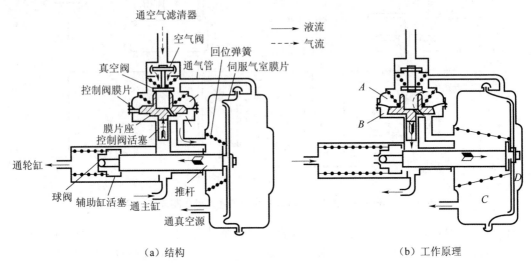

（a）结构　　　　　　　　　　　　　　（b）工作原理

图 4-50　真空增压器的结构及工作原理

② 工作原理。真空增压器的工作原理如图 4-50 所示。

a. 未制动时，空气阀关闭，真空阀开启。控制阀四个气室相通，且具有相等的真空度，推杆在回位弹簧的作用下处于最右端位置，推杆前部的球阀与阀座之间保持一定距离，辅助缸两腔相通。

b. 制动时，踩下制动踏板，制动主缸的制动油液输入到辅助缸体中，一部分油液经活塞中间的小孔进入各制动轮缸，轮缸液压即等于主缸液压。与此同时，液压还作用在控制阀活塞上，当油压力升到一定值时，活塞连同膜片座上移，首先关闭真空阀，同时关闭 C、D 腔通道，膜片座继续上移将空气阀打开，于是空气经空气阀进入 A 腔并到 D 腔。此时，气室 B、C 的真空度保持不变，这样 D、C 两腔产生压力差，推动膜片使推杆左移，球阀关闭辅助缸活塞中孔，制动主缸与辅助缸左腔隔绝。此时在辅助缸活塞上作用着两个力：主缸液压作用力和伺服气室输出的推杆力。因此，辅助缸左腔及各轮缸的压力高于主缸压力。

动画 4-10　真空增压器工作示意图

c. 维持制动时，制动踏板踩到某一位置不动，制动主缸不再向辅助缸输送制动油液，作用在辅助缸活塞和控制阀活塞上的力为一定值。但随着进入空气室空气量的增加，A 和 B 气室的压力差加大，对控制阀膜片产生向下的作用力，因而使膜片座及活塞向下移动，空气阀、真空阀开度逐渐减小，直至落座关闭。处于"双阀关闭"状态时，油压对控制活塞向上的压力与因气室 A、B 压力差造成的向下压力相平衡，因气室 D、C 压力差而作用在膜片上的总推力与控制油压作用在辅助缸活塞右端的总推力之和，与高压油液作用在辅助缸左端的总阻力抗相平衡，辅助缸活塞保持相对稳定状态，并维持一定的制动强度。这一稳定值的大小取决于控制活塞下面的液压（主缸油压），即取决于踏板力和踏板行程。

d. 放松制动踏板时，放松制动踏板后，控制油压下降，控制阀活塞连同膜片座一起下移，空气阀仍处于关闭状态，而真空阀开启。于是 D、A 两气室的空气经 B、C 两气室被吸出，从而 A、B、C、D 各气室均具有一定的真空度。推杆、膜片及辅助缸活塞在弹簧的作用下各自回位，轮缸油液从辅助缸活塞的小孔流回，从而解除制动。

2）真空助力式液压制动传动装置

（1）真空助力式液压制动传动装置的组成。如图 4-51 所示为奥迪 100 型轿车双管路真空助力式液压制动传动装置。串联双腔制动主缸的前腔通向左前轮制轮器的轮缸 10，并经感载比例阀 9 通向右后轮制动器的轮缸 13。主缸的后腔通向右前轮制动器的轮缸 12，并经感载比例器 9 通向左后轮制动器的轮缸 11。真空伺服气室 3 和控制阀 2 组成一个整体部件，称为真空助力器。制动主缸直接装在真空伺服气室的前端，真空单向阀 7 装在伺服气室上。真空伺服气室工作时产生的推力，也同踏板力一样直接作用在制动主缸 4 的活塞推杆上。

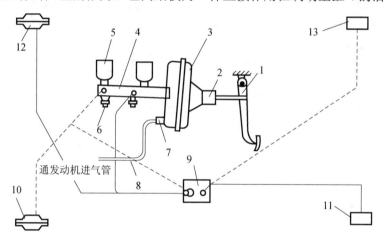

图 4-51　奥迪 100 型轿车真空助力式液压制动传动装置

1—制动踏板机构；2—控制阀；3—真空伺服气室；4—制动主缸；5—储液罐；6—制动信号灯液压开关；7—真空单向阀；8—真空供能管路；9—感载比例阀；10—左前轮缸；11—左后轮缸；12—右前轮缸；13—右后轮缸

（2）真空助力器的结构。如图 4-52 所示为桑塔纳轿车所用的单膜片真空助力器的结构。真空助力器和制动主缸用四个螺钉固定在车身前围上，借推杆与制动踏板连接。伺服气室由前、后腔组成，其间夹装有膜片座，它的前腔经单向阀通进气歧管或真空罐，后腔膜片座毂筒中装有控制阀，空气阀 2 与推杆 6 固接，橡胶阀门 8 与在膜片座上加工出来的阀座组成真空阀。

（3）真空助力器的工作原理。

a．不制动时，未踩下制动踏板，控制阀处于非工作状态。回位弹簧 5 将推杆 6 连同空气阀 2 推至右极限位置，空气阀 2 紧压阀座 9 而关闭，橡胶阀门 8 被压缩离开阀座 4 而开启。真空通道 3 开启，伺服气室 A、B 两腔相通，并与大气隔绝。发动机运转后，真空单向阀被吸开，A、B 两腔内均具有一定的真空度。

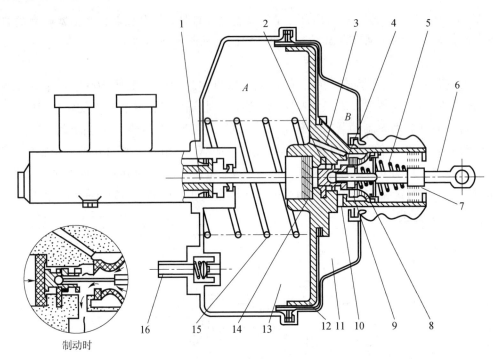

图 4-52 真空助力器结构

1—推杆；2—空气阀；3—真空通道；4—真空阀座；5—回位弹簧；6—制动踏板推杆；7—空气滤清器；8—橡胶阀门；9—空气阀座；10—通气道；11—伺服气室后腔；12—膜片座；13—伺服气室前腔；14—橡胶反作用盘；15—膜片回位弹簧；16—真空口和单向阀

总结：不制动时，真空阀开，空气阀关。

b. 制动时，推杆 6 连同空气阀 2 向左移动，消除了与橡胶反作用盘 14 的间隙后，压缩橡胶反作用中心部分产生压凹变形，并推动推杆 1 向左移动，使制动主缸油压上升。与此同时，推杆 6 通过弹簧先将橡胶阀 8 压向阀座 4 而关闭，使 A 腔与 B 腔隔绝。进而空气阀 2 与阀座 9 分离而开启，外界空气经空气滤清器 7、空气阀的开口和通气道 10 进入 B 腔。随着空气的进入，在伺服气室膜片的两侧出现压力差而产生推力，此推力通过膜片座 12、橡胶反作用盘 14 推动推杆 1 左移。此时，推杆 1 上的作用力为踏板力和伺服气室推力之和，但伺服气室推力较踏板力大得多，从而使制动主缸输出的液压成数倍的增高。

视频 4-7 识别真空助力器

总结：制动时，真空阀关，空气阀开。

c. 维持制动时，踩下制动踏板并停止在某一位置，推杆 6 和空气阀 2 推压橡胶反作盘 14 的推力不再增加，膜片两边压力差使橡胶反作用盘中心部分的凹下变形恢复平整，空气阀重新落座而关闭，出现"双阀关闭"的平衡状态。

动画 4-11 真空助力器工作示意图

总结：维持制动时，真空阀关，空气阀关。

d. 放松制动时，回位弹簧 5 使推杆 6 和空气阀 2 后移，橡胶阀门 8 离开阀座 4，伺服气室 A、B 相通，成为真空状态。膜片和膜片座在回位弹簧 15 的作用下回位，主缸即解除制时。

总结：放松制动时，真空阀开，空气阀关。

真空助力器失效时，推杆 6 将通过空气阀 2 直接推动膜片座和推杆 1 移动，使主缸产生制动液压，但踏板力要大得多。

三、制动力分配调节装置

汽车制动时，作用在车轮上的制动力随着踏板力的增加而增加，但最大制动力受到轮胎与路面附着力的限制，制动力不能超过附着力，否则，车轮将被"抱死"。无论前轮先抱死还是后轮先抱死都会严重影响汽车行驶的安全性，并加剧轮胎的磨损。

汽车既能得到尽可能大的制动力，又能保持行驶方向的稳定性，就必须使汽车前、后轮同时达到抱死的边缘。其条件是前、后轮制动力之比等于前、后轮对路面的垂直载荷之比。

但是，汽车装载量的不同和汽车制动时减速度的不同，引起了载荷的转移。汽车前、后轮的实际垂直载荷比是变化的。因此，要满足最佳制动状态的条件，汽车前、后轮制动力的比例也应是变化的。为使前、后轮获得理想的制动力，现代汽车上采用了各种制动力调节装置，用以调节前、后车轮制动管路的工作压力，常用的调节装置有限压阀、比例阀和感载比例阀等。

1. 限压阀

限压阀串联在制动主缸与后轮制动器的管路之间，其功用是当前、后制动管路压力 P_1 和 P_2 由零同步增长到一定值后，自动将 P_2 限定在该值不变。

1）结构

如图 4-53 所示为限压阀的结构及特性曲线。阀体上有三个孔口，A 口与制动主缸连通，两个 B 口通两后轮轮缸。阀体内有滑阀 3 和有一定预紧力的弹簧 2，滑阀被弹簧顶靠在阀体内左端。

2）原理

当轻踩制动踏板时，制动主缸产生一定的液压力 P_1，滑阀左端面推力为 $P_1 \times a$（a 为滑阀左端面的有效面积），滑阀右端承受弹簧力 F。此时，由于 $F>P_1 \times a$，滑阀不动，因而 $P_1=P_2$，限压阀不起限压作用。

当踏板压力增大时，P_1 与 P_2 同步增长到一定值 P_S（限压点）后，活塞左方压力便超过右方弹簧的预紧力，即 $P_S \times a>F$，于是滑阀向右移动，关闭 A 腔与 B 腔的通路。此后，P_1 再增大时，P_2 也不再增大。

限压点 P_S 决定于限压阀的结构，与汽车的轴载质量无关。通常情况下，P_S 值低于理想值，不会出现后轮先抱死。

2. 比例阀

比例阀也串联在制动主缸与后轮制动器的管路之间，其功用是当前、后制动管路压力 P_1 和 P_2 由零同步增长到一定值 P_S 后，即自动对 P_2 增长加以限制，使 P_2 的增量小于 P_1 的增量。

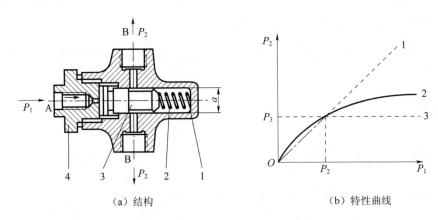

（a）结构　　　　　　　　　　（b）特性曲线

图 4-53　液压式限压阀及特性曲线

1—阀体；2—弹簧；3—滑阀；4—插头；A—通制动主缸；B—通制动轮缸

如图 4-54 所示为比例阀的结构原理，比例阀通常采用两端承压面积不等的异径活塞。不工作时，异径活塞 2 在弹簧 3 的作用下处于上极限位置。此时阀门 1 保持开启，因而在输入控制压力 P_1 与输出压力 P_2 从零同步增长的初始阶段，$P_1=P_2$。但是压力 P_1 的作用面积小于压力 P_2 的作用面积，故活塞上方液压作用力大于活塞下方的液压作用力。在 P_1、P_2 同步增长的过程中，活塞上、下两端液压作用力之差超过弹簧 3 的预紧力时，活塞便开始下移。当 P_1 和 P_2 增长到一定值 P_S 时，活塞内腔中阀座与阀门接触，进油腔与出油腔被隔绝，此即比例阀的平衡状态。

若进一步提高 P_1，则活塞上升，阀门再度开启，油液继续流入出油腔，使 P_2 也升高，但由于活塞的下端面积小于其上端面积，所以 P_2 尚未增加到新的 P_1 值，活塞便又下降到平衡位置。

3. 感载比例阀

有些车辆在实际载重量不同时，其总重力和重心位置变化较大。因此，满载和空载时的前、后轮制动力分配差距也较大，此时应采用随汽车实际装载质量变化而改变的感载比例阀。

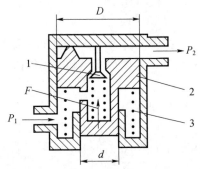

图 4-54　比例阀的结构原理

1—阀门；2—活塞；3—弹簧

如图 4-55 所示为液压式感载比例阀，阀体 3 安装在车身上，其中活塞 4 为两端承压面积不等的差径结构，其右部空腔内有阀门 2。

不制动时，活塞在拉力弹簧 6 通过杠杆 5 施加的推力 F 的作用下处于右极限位置，阀门 2 因其杆部顶触螺塞 1 而开启，使左、右阀腔连通。

轻微制动时，来自制动主缸的液压 P_1 由进油口 A 进入，并通过阀门 2 从出油口 B 输出至后轮缸，出油口 B 处液压 $P_2=P_1$。此时，活塞右端面的推力为 $P_2 \times b$（b 为活塞右端面圆形的有效面积），小于左端的推力 $P_1 \times a$（a 为活塞左端面的圆形有效面积，$a<b$）与推力 F

之和。在此状态下，活塞不动，阀门 2 仍处于开启状态，$P_2=P_1$。

重踩制动踏板时，制动管路的液压 P_2 和 P_1 将同步增长，当增长至活塞左、右两端面液压之差大于推力 F 时，活塞左移一定距离。阀门 2 落座关闭，将左、右两腔隔绝。此时的液压为限压点的液压 P_S，活塞处于平衡状态。若进一步提高 P_1，则活塞将右移，阀门 2 再度开启，油液继续流入出油腔使 P_2 也升高。但由于 $a<b$，P_2 尚未升高到等于 P_1 时，阀门 2 又落座关闭，将油道切断，活塞又处于平衡状态。这样，自动调节过程将随踏板力的变化而反复不断地进行。在 P_1 超过 P_S 后，P_2 虽随 P_1 按比例的增长，但总是小于 P_1。

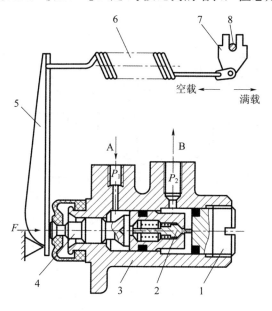

图 4-55 液压式感载比例阀

1—螺塞；2—阀门；3—阀体；4—活塞；5—杠杆；6—感载拉力弹簧；7—摇臂；8—后悬架的横向稳定杆

从上述过程得知，活塞处于平衡状态时，其两端的压力差和弹簧的推力 F 总维持着下述关系：

$$P_2 \times b = F + P_1 \times a$$

由此式得知，P_2 与弹簧推力 F 成正比关系，限压点液压 P_S 的大小也取决于弹簧推力 F 的大小。F 增大时，P_S 就增大，反之则减小。只要使弹簧的预紧力能随实际轴载质量变化，便能实现感载调节。

当汽车的轴载变化时，车身和车桥间的距离发生变化，利用此变化来改变弹簧的预紧力，即能实现感载调节。拉力弹簧 6 右端经吊耳与摇臂 7 相连，而摇臂则夹紧在汽车后悬架的横向稳定杆 8 的中部。当汽车的轴载质量增加时，后桥向车身移近，后悬架的横向稳定杆便带动摇臂 7 逆时针转过一个角度，将弹簧 6 进一步拉伸，作用于活塞 4 上的推力 F 便增加；反之，当轴载质量减小时，弹簧 6 的拉伸量和推力 F 都减小。因而，达到了调节作用点 P_S 随轴载质量而变化的目的。

4. 惯性阀

汽车轴载质量的变化不仅与汽车总质量或实际装载质量有关,还与汽车制动时的减速度大小有关。当汽车制动减速度增加时,前轴的轴载质量增大,而后轴的轴载质量减小。

惯性阀的作用是使限压点液压值 P_S 取决于汽车制动时作用在汽车重心上的惯性力,即 P_S 不仅与汽车的实际质量有关,还与汽车的制动减速度有关。

如图 4-56 所示,惯性限压阀内有一个惯性钢球 2,惯性钢球的支承面相对于水平面的仰角 θ 必须大于零,只有 $\theta>0$ 惯性阀方可起作用。汽车在水平路面上时,θ 应为 $10°\sim13°$。

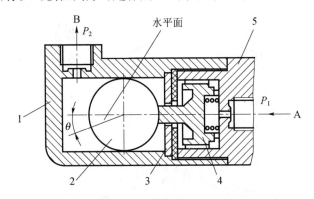

图 4-56 惯性限压阀

1—阀体;2—惯性钢球;3—阀座;4—阀门;5—阀盖

通常惯性钢球在其本身重力作用下处于下极限位置,并将阀门 4 推到与阀盖 5 接触,使得阀门 4 与阀座 3 之间保持一定间隙,此时进油口 A 与出油口 B 相通。

当汽车在水平路面上施行制动时,来自主缸方面的压力由进油口 A 输入惯性阀,再从油口 B 进入后制动管路。输出压力 P_2 即等于输入压力 P_1。当路面对车轮的制动力使汽车产生减速度时,作为汽车零件的惯性钢球也具有相同的减速度。在控制压力 P_1 较低、减速度较小时,惯性钢球向前的惯性力沿支承面的分力不足以平衡钢球的重力沿支承面的分力,阀门仍保持开启状态,输出压力 P_2 仍等于输入压力 P_1。当 P_1 上升到一定值 P_S 时,制动减速度增大到足以实现上述二力平衡,此时,阀门弹簧便通过阀门将钢球推向前方,使阀门得以压靠阀座,切断液流通路。此后 P_1 继续升高,前轮制动力也即汽车总制动力继续增大,钢球的惯性力使钢球滚到前上极限位置不动。阀门对阀座的压紧力也因 P_1 的升高而加大,但 P_2 保持 P_S 值不变。

当汽车在上坡路上施行制动时,由于支承面仰角 θ 增大,惯性钢球重力沿支承面的分力增大,使得惯性阀开始起作用所需的控制压力值 P_S 也升高,即所限定的输出压力 P_2 值更高,这与汽车上坡时后轮附着力加大相适应。相反,当汽车在下坡路上施行制动时,后轮附着力减小,惯性阀所限定的 P_S 也相应地降低。

任务实施

1. 主要内容及目的

(1) 熟悉液压制动总泵的组成。
(2) 掌握液压制动总泵的拆装方法。
(3) 掌握液压制动总泵的检修工艺。

2. 技术标准及要求

(1) 按正确的操作步骤进行拆装与检查。
(2) 有关技术参数必须符合维修技术标准要求。
(3) 操作规范,安全文明作业。

3. 实训设备与器材

液压制动总泵 1 个,空气压缩机 1 台,维修工具 1 套。

4. 操作步骤及工作要点

1) 液压制动总泵的组成

液压制动总泵的组成如图 4-57 所示。

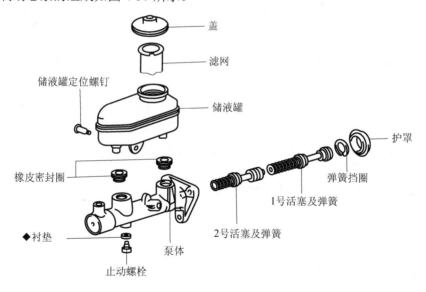

图 4-57 液压制动总泵的组成

◆:不能重复使用零件

2) 液压制动总泵的分解

(1) 拆下液压制动总泵的护罩,如图 4-58 所示。
(2) 拆下储液罐,如图 4-59 所示。

图 4-58 液压制动总泵护罩的拆卸

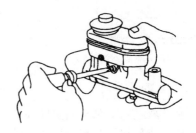
图 4-59 储液罐的拆卸

（3）用螺钉旋具将活塞推入缸体尽头，拆下止动螺栓，如图 4-60 所示。注意要大螺钉旋具头上缠好布。

（4）用螺钉旋具将活塞推入，然后拆出弹性挡圈，如图 4-61 所示。

（5）将活塞及弹簧垂直倒出。

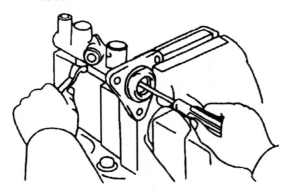
图 4-60 止动螺栓的拆卸

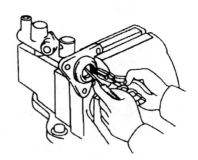
图 4-61 弹性挡圈的拆卸

3）液压制动总泵的检查

（1）检测泵筒内有无生锈或擦伤现象，如有则应予更换。

（2）活塞与泵筒的配合间隙应小于 0.2mm，否则应予更换。

（3）检查皮碗有无软化、发胀现象，如有则应更换皮碗。

4）液压制动总泵的组装

（1）组装前，应把所有零件用制动液或酒精清洗干净。

（2）垂直装入两组弹簧及活塞，装上弹性挡圈。

（3）用螺钉旋具将活塞推到底，装好止动螺栓。

（4）装好储液罐。

（5）装上总泵护罩。护罩有"UP"标记的面应朝上。

知识拓展

陶瓷制动盘

由于陶瓷具有质地坚硬、耐磨性好及抗高温等优点，所以由陶瓷制成的产品在汽车上不断得到应用。利用陶瓷在高温下具有良好的刚度和形状变化很小的特性，陶瓷被制成了制动盘、三元催化器、蜗轮增压器的蜗轮和泵轮、轴承、发动机活塞及气门等部件。大众公司从2005年开始在奥迪A8W12轿车上使用了陶瓷制动盘。

采用铸铁材料制造制动盘相对容易一些，只需要经过铸造过程和简单的机械加工就可以完成，而用陶瓷制造制动盘的过程则复杂得多。首先，需要将碳纤维和合成树脂以及其他液态聚合物混合在一起，再注入模具中压缩，冷却烘干后使之成为坚硬的制动盘毛坯。然后将毛坯放入充满氮气的高温分解炉中加热至1000℃，直到碳聚合物完全转化成碳元素，这样就制成了碳纤维制动盘。最后，将碳纤维制动盘置于硅化炉中，加热到1500℃，使制动盘的表面吸收液态硅，冷却后制动盘的表面就形成了硅碳化合物，也就是通常所说的陶瓷材料，这种材料的硬度几乎和金刚石一样，使制动盘具有很好的刚度。

陶瓷制动盘克服了碳纤维制动盘的缺点，它在低温时也具有很好的制动效果，它能承受1400℃的高温而不变形、不产生裂缝、不抖动。陶瓷制动盘与铸铁制动盘相比具有明显的优势。

（1）陶瓷制动盘比铸铁制动盘的质量降低了50％左右。例如，在保时捷911 Turbo跑车上，尽管陶瓷制动盘的直径比传统制动盘直径大2cm，但四个车轮的制动器总质量却减少了16kg。

（2）陶瓷制动盘的摩擦系数比铸铁制动盘高25％左右，大大提高了制动效率。

（3）铸铁制动盘在连续高速制动后会因为温度过高而变形，制动盘表面会形成波纹，导致制动时车轮发生抖动，降低制动效率。在高温下，陶瓷制动盘的摩擦系数和刚度几乎不会发生变化，因此陶瓷制动盘不会出现上述问题。

（4）由于陶瓷制动盘的表面硬度很高，所以它在制动时的磨损很小。测试结果表明，陶瓷制动盘的使用寿命能够超过30万km。

尽管陶瓷制动盘能够承受很高的温度，但制动系统中的其他部件，如车轮转速传感器等却不具备抗高温的能力，因此很多陶瓷制动盘上开有贯通的通风孔，在制动盘内部也铸有冷却管，在制动盘和制动器活塞之间还有一层起隔温作用的特制陶瓷护板。

目前，陶瓷制动盘的价格仍然很高，因其制造所需的时间很长。强化的碳纤维制动盘已经出现，这种制造技术能够获得与陶瓷制动盘相同的品质，但制造周期更短，所以经济性更好。

 故障案例

1. 真空增压装置增压后高压油压力不足

1）现象

当踩下制动踏板时感到轻松，反作用力不大，制动效果差，没有制动拖印，旋开任何一个车轮的放气螺塞，喷出来的制动油液不足（出油冲劲不大）。

2）原因

1）辅助缸皮碗发胀变形或磨损过甚，失去密封作用。

2）辅助缸活塞出油单向阀座产生锈蚀、麻点过大而密封不严。

3）辅助缸活塞磨损过甚，配合松旷或油路有堵塞。

4）制动主缸连接处漏油，或油道有渗漏。

5）加力推杆双口密封圈损坏，低压油被吸入真空腔。

3）诊断

（1）检查制动主缸和各连接管插头有无漏油处，有则维修。

（2）起动发动机，使其怠速运转。然后踩下制动踏板，旋松辅助缸放气螺塞，观察出油情况，如出油冲劲不大又无气泡，表明辅助缸活塞出油阀与座不密封，导致高压油压力不足，应及时排除。

（3）拆下增压器真空连接管，用一根软导线通入伺服气室的前腔，拉出软导线，如有油迹，表明加力推杆油封不密封。

（4）踩下制动踏板，如旋松辅助缸放气螺塞也不出油，表明增压缸的油路有堵塞。

2. 制动踏板脉动

行车制动时，制动踏板产生周期性跳动的现象称为制动踏板脉动。制动踏板脉动会使脚部产生不适，与制动力不足和制动跑偏有关。产生制动踏板脉动的主要原因是制动盘摆动、制动鼓偏心过大或制动底板摆动，应区别情况分别对待，在检测分析后决定对策。

3. 制动油液泄漏

常见的泄漏的部位有管路连接处泄漏、油管破漏、制动主缸泄漏、轮缸处泄漏，另外密封件如皮碗破损等也会造成泄漏。

参 考 文 献

[1] 杜瑞丰,李忠凯. 汽车底盘构造与维修. 第2版[M]. 北京:高等教育出版社,2007.
[2] 杨永海. 汽车维修与检测实训[M]. 济南:山东科学技术出版社,2008.
[3] 陈家瑞. 汽车构造[M]. 北京:机械工业出版社,2004.
[4] 杨秀虹. 现代轿车构造与检测:底盘及车身[M]. 北京:国防工业出版社,2002.
[5] 朱军. 汽车故障诊断方法[M]. 北京:人民交通出版社,2008.
[6] 蒋红枫,邢亚林. 汽车维护理实一体化教材[M]. 北京:人民交通出版社,2011.
[7] 关文达. 汽车构造. 第2版[M]. 北京:清华大学出版社,2009.
[8] 白红村. 汽车底盘构造与维修[M]. 北京:北京大学出版社,2011.